Sonar 28

Die Übersetzung entstand auf Initiative des Ukrainischen PEN-Zentrums (Translation Fund Grants) mit Unterstützung der International Renaissance Foundation.

Schule wurde erstmals publiziert in: *Transit. Europäische Revue* 48/2016, S. 172-180.

SONAR 28

DEUTSCHE ERSTAUSGABE
1. Auflage 2019
Verlag Voland & Quist, Berlin, Dresden, Leipzig, 2019
© der deutschen Ausgabe by Verlag Voland & Quist GmbH
Korrektorat: Annegret Schenkel
Umschlaggestaltung: HawaiiF3
Foto: Eva Vradiy
Satz: Fred Uhde
Druck und Bindung: CPI books GmbH, Leck

www.voland-quist.de

LEBEN

Aus dem Russischen von:
Irina Bondas, Kati Brunner, Claudia
Dathe, Christiane Körner, Alexander
Kratochvil, Lydia Nagel, Olga
Radetzkaja, Jennie Seitz, Andreas
Tretner und Thomas Weiler

#freesentsov

OLEG SENZOW
GESCHICHTEN

VOLAND & QUIST

Inhalt

Andrej Kurkow

Zum Geleit

Wäre die Situation um Oleg Senzow nicht so tragisch, man könnte düstere Scherze machen und sagen, das Gefängnis habe aus dem Filmregisseur einen Schriftsteller gemacht. Einen Film zu drehen ist eben schwierig, wenn du in einer Zelle hockst, im Gefängnis eines anderen Landes und noch dazu in dem, das der Grenze zu deiner Heimat, die von diesem Land überfallen wurde, am fernsten liegt, in einem Gefängnis dieses Aggressors.

In Wahrheit aber hat Oleg Senzow schon Prosa geschrieben, bevor er Filme gemacht hat. In Wahrheit nämlich hat er schon immer den Wunsch verspürt, ein Künstler oder Erfinder zu sein – und er wollte von Kind an ein ehrlicher Mensch sein und war bedacht auf seinen Ruf. Er verzichtete dafür sogar auf gute Zensuren in der Schule, wenn sie nicht verdient waren. Denn das Kostbarste für einen Künstler ist sein guter Ruf! Von der Begabung einmal abgesehen.

Zur Konkretion – im Film und in der Literatur – gelangten seine schöpferischen Pläne erst später, da war er schon ein reifer Mann.

Dass diese Reife neben der künstlerischen auch eine politische Dimension hat, haben wir an seinen Auftritten vor Gericht gesehen, wo er für Taten abgeurteilt wurde, die er nicht verübt hat – und für sein zivilgesellschaftliches Engagement. »Der Maidan war das Wichtigste, was ich in meinem Leben geleistet habe«, erklärte er zu Beginn des Prozesses. »Was aber nicht heißen soll, dass ich ein Radikaler wäre, einen Berkut-Polizisten angezündet oder sonst wem das Fell abgezogen hätte. Wir haben unseren Präsidenten, der ein Verbrecher ist, aus dem Amt gejagt. Und als Ihr Land die Krim okkupiert hat, ging ich dorthin zurück und leistete die gleiche Art Unterstützung wie zuvor auf dem Maidan. Ich hatte Kontakt zu Hunderten von Leuten. Gemeinsam überlegten wir, wie es weitergehen sollte. Aber nie habe ich jemanden zu Taten angestachelt, die für irgendwen hätten tödlich sein können, nie habe ich eine terroristische Vereinigung zu gründen versucht und erst recht hatte ich niemals etwas mit dem Rechten Sektor zu schaffen.«

Seit annähernd fünf Jahren sitzt Oleg Senzow in einem russischen Gefängnis. Dort stand er einen 145 Tage währenden Hungerstreik durch, verknüpft mit der Forderung nach Freilassung aller ukrainischen politischen Häftlinge, die in russischen Gefängnissen festgehalten werden. Dort schrieb er Drehbücher fürs Kino, und kürzlich ließ er hören, er habe einen neuen Roman beendet. Hoffentlich wusste er bei dieser Mitteilung Manuskript oder Datei dieses Romans schon in der Ukraine, an sicherem Ort.

Das Buch, das Sie in Händen halten, ist kein Roman. Es ist der ehrliche und offene autobiografische Bericht über seine Kindheit, die Schulzeit. Darin beschrieben ist seine Persönlichkeitswerdung – also wie er zu dem furchtlosen Menschen wurde, der er heute ist. Furchtlos zu sein ist eine seltene Gabe. Als Oleg seine Erzählungen schrieb, schien die Furchtlosigkeit, die sich darin äußert, eine Charaktersache zu sein und hatte, auch das ist wichtig, mit dem Leben auf der Krim zu tun, seinen Besonderheiten, den Problemen.

Seit 2014 weiß die ganze Welt von Olegs Furchtlosigkeit. Sie ist – und mit ihr die Bereitschaft, für Wahrheit und Werte einzustehen, das eigene Leben dafür aufs Spiel zu setzen, weil anders das Leben für ihn keinen Sinn hat – zum Maßstab geworden für Zivilcourage und echten Patriotismus. Ein Gericht der Russischen Föderation hat Oleg Senzow zu zwanzig Jahren Gefängnishaft verurteilt. Vor allem dafür, dass er, ein ethnischer Russe und Bewohner der Krim, es gewagt hat, mit der Annexion seiner Heimat durch Russland nicht einverstanden zu sein.

Fünf Jahre hat man ihm, dem ukrainischen Autor und Regisseur, bereits gestohlen. Zu hoffen bleibt, dass es uns, Lesern und Autoren und aufrechten Menschen in aller Welt, mit vereinten Kräften gelingt, Oleg Senzow aus seinem fernen Gefängnis in der Polarzone herauszuholen. Solange er aber noch dort ist, ist das Geringste, was wir für ihn tun können, seine Texte zu lesen. Die, die bereits erschienen sind, und die, die er dort schreibt. Wir dürfen ihn nicht vergessen – so wenig, wie Hunderte andere, Buchautoren und Nicht-Buchautoren, Filmemacher und Nicht-Filmemacher in den verschiedensten Ländern, vergessen sein dürfen, die gleich ihm grundlos in Haft sind. Gerechtigkeit existiert, solange wir an sie glauben. Und unser Glaube an die Gerechtigkeit ist es, der der Gerechtigkeit zum Sieg verhilft!

Gewiss werden Ihnen beim Lesen dieses Buches Fragen kommen, die Sie dem Autor gern stellen würden. Rechnen Sie nicht so bald mit der Möglichkeit, diese Fragen auf einer Lesung in Berlin oder zur Frankfurter Buchmesse von ihm beantwortet zu bekommen. Stellen Sie sie ihm lieber brieflich! Die Adresse seines Gefängnisses finden Sie im Internet. Die einzige Schwierigkeit ist, dass das Gefängnis Briefe an seine Insassen nur in russischer Sprache entgegennimmt. Bedienen Sie sich der Hilfe von Übersetzern, und seien es automatische. Die Qualität der Übersetzung ist in diesem Fall nicht das Wichtigste. Auf Ihr Herz kommt es an!

Andrej Kurkow, im Februar 2019

Andrej Kurkow ist ein international bekannter ukrainischer Schriftsteller und Drehbuchautor. Er hat zahlreiche Romane (darunter der Welterfolg »Picknick auf dem Eis«, 1999) veröffentlicht, die vielfach übersetzt wurden und auf Deutsch im Diogenes Verlag und im Haymon Verlag erscheinen.

Der Hund

Als Kind wollte ich einen Hund haben. Einen Schäferhund, und unbedingt einen Deutschen. Schäferhunde hatte ich in Filmen öfter gesehen, auch bei uns im Dorf gab es ein paar. So einen wollte ich auch. Ich wollte ihn ausführen, ihn erziehen. Mit ihm die Straße entlanglaufen, und alle würden mir hinterhergucken. Er würde auf mich hören, und wir hätten einander lieb.

Einen Hund hatte ich vorher schon mal gehabt. Genauer gesagt, nicht ich, sondern meine Familie. Er hieß ganz unheldenhaft Tusik. Ein mittelgroßer schwarzer Straßenköter, der uns zugelaufen war. Das bisherige Leben von Tus – so nannte ich ihn, weil das in meinen Ohren gewichtiger klang – war kein Zuckerschlecken gewesen, anscheinend wurde er ordentlich geschlagen und viel drangsaliert. Die erste Woche bei uns saß er in seiner Hundehütte und ging nicht mal zum Fressen nach draußen. Er war so froh, dass er in Ruhe gelassen wurde, das war ihm wichtiger als jede Nahrung.

Dann gewöhnte sich Tusik an uns und wir schlossen ihn ins Herz. Ich war damals vielleicht neun oder zehn.

Ich ging mit ihm raus, in den Wald oder über die Felder. Ich hielt ihn an der Leine. Zu Hause wurde er angekettet und über Nacht von der Kette gelassen, er lief frei im Hof oder sogar auf der Straße herum und tat niemandem etwas. Tus war sehr klug, gutherzig und gehorsam. Aber das Erlebte hatte sich für immer in seine Züge eingebrannt. Es heißt, das Gesicht eines Menschen spiegelt seine Erfahrungen wider. Das stimmt. Auch in Hundeaugen spiegelt sich ein Hundeleben wider. Die Augen dieses schwarzen Straßenköters sollten für immer traurig bleiben.

Einige Jahre später weckte mich eines unauffälligen Morgens meine Mutter, setzte sich auf die Bettkante und sagte, Tusik sei tot. Irgendwer war unterwegs gewesen, um streunende Hunde zu erschießen, und dabei hatte es auch unseren Hund erwischt, frühmorgens auf der Straße, direkt vor unserem Tor. Meine Mutter meinte, ich solle mich ausweinen, aber ich konnte nicht. Ich konnte es nicht glauben. Ich verstand zwar, dass man ihn erschossen hatte, aber ich glaubte es nicht, ich begriff es nicht. Das ist immer so. Zwischen der Nachricht über den Tod eines nahen Angehörigen und dem Wahrnehmen des Verlustes vergeht immer etwas Zeit. Ich habe das mehr als einmal erlebt. Als ich zwanzig war und jemand zu mir kam und sagte, mein Vater sei gestorben, war mein erster Gedanke: »Das kann nicht sein.« Auch als ich ihn eine Stunde später wie schlafend daliegen sah, hatte sich das Gefühl des Verlustes nicht eingestellt.

Am nächsten Tag wurde er im Sarg aus dem Haus getragen – da spürte ich einen Stich, aber es zerriss mich nicht. Nach der Aufforderung an die Angehörigen, sich von dem Verstorbenen zu verabschieden, gab der Mann auf dem Friedhof das Kommando, den Sarg zu schließen, und da spürte ich den zweiten Stich – die bereits im Deckel steckenden Nägel wurden mit einem wahnsinnig dumpfen Geräusch eingeschlagen. In der tiefen Grube lag noch eine Flasche, die die Totengräber leer getrunken und vergessen hatten.

Ich fühlte mich wie in einem wattigen Traum. Als passierte das alles nicht mir. Der Leichenschmaus in der Kantine, der Wodka, der einen nüchtern lässt, all diese Leute, zufällige oder mitfühlende Beobachter, irgendwelche Verwandten.

Spätabends, als etwas Ruhe einkehrte und nur noch die nächsten Angehörigen bei uns waren – das Haus war inzwischen wieder aufgeräumt, und nach dem schweren Tag machten sich alle langsam bettfertig –, setzte ich mich auf eine kleine Holzbank, die etwas abseits vor dem Haus im Dunkeln stand, außerhalb des Lichtkreises der Straßenlaterne. Ich war erschöpft und starrte schweigend in die Finsternis. Und auf einmal wurde mir bewusst, dass ich genau an der Stelle saß, wo mein Vater gerne gesessen hatte, dass ich auf seiner Lieblingsbank saß, die er selbst gezimmert hatte. Mit einem Schlag war mir klar, er ist weg. Ich spürte es im ganzen Körper: Die Stelle ist da, die

Bank ist da, ich bin da, aber er ist für immer weg. Dieses Gefühl der Leere und Schwärze war furchtbar. Und da fing ich langsam an zu weinen, leise, wortlos. Mein acht-jähriger Neffe stand neben mir und sah, dass ich weinte. Ich tat ihm leid, und er zeigte mir sein Mitleid auf seine Kinderart, indem er mir über den Kopf strich. Auch er sagte nichts. So saß ich auf der Bank, mit gesenktem Kopf, und weinte leise, während er neben mir stand und mir wortlos über den Kopf strich.

Seit Tusiks Tod war fast ein Jahr vergangen. Endlich rang ich meinen Eltern einen neuen Hund ab. Einen Schä-ferhund! An meinem zwölften Geburtstag fuhr mein Va-ter mit mir in die Stadt und kaufte auf dem Markt einen Welpen, eine Mischung aus Deutschem und Kaukasi-schem Schäferhund. Der Welpe war winzig, knapp über eine Woche alt, konnte sich kaum fortbewegen und noch weniger fressen, er passte in meine Kinderhand. Einen Stammbaum hatte er nicht, aber dafür kostete er auch nur fünfzehn Rubel. In der Nacht fiepte er und robbte in meinem Zimmer auf dem Boden herum, bis meine Mut-ter genug hatte und ihn zu mir ins Bett legte, wo er es sich gemütlich machte und einschlief. Ich fütterte ihn mit Milch, die er mir vom Finger leckte; richtig trinken konn-te er noch nicht. Wir tauften den Kleinen Dick.

Dick wurde schnell größer, er war ein kräftiger, zotte-liger, unbeholfener Rüde und wie alle Welpen sehr verspielt. Als er heranwuchs, erlebte ich eine kleine Enttäuschung: Halbblut bleibt Halbblut, und obwohl Deutsche und Kaukasische Schäferhunde gezielt verpaart werden, um das Beste aus beiden Rassen herauszuholen, ähnelte mein Hund keinem der Bilder aus dem dünnen Kynologie-Buch, das ich mir irgendwann »nur kurz« von einem Bekannten geliehen hatte. Eine Zeit lang wurmte mich das sehr, aber dann triumphierte die Liebe zu meinem Hund über den Eindruck, er sei minderwertig.

Dick wurde riesig, er hatte das rötlich-schwarze Fell eines Deutschen Schäferhundes, aber er war breiter gebaut und ähnelte damit, wie auch mit seinen Schlappohren und der Ringelrute, eher dem Kaukasier. Er hing sehr an mir und ich an ihm. Wir waren viel draußen, ich dressierte ihn, und er lernte so manches, was ein Wachhund können muss. Allerdings war er ziemlich eigensinnig. Auf seinen Jagdinstinkt beim Anblick von Hühnern, Enten und sonstigem Geflügel war immer Verlass, was für zahllose Konflikte mit den Besitzern der zu Schaden gekommenen Hoftiere sorgte, unter anderem auch mit meinen eigenen Eltern.

Meist führte ich Dick im Wald aus, der ganz in der Nähe von unserem Dorf lag, auf einer Anhöhe jenseits der Felder. Ich ging entweder allein mit ihm oder mit meinen Freunden, die ebenfalls ihre Hunde mitnahmen, aber keiner war so schön und stark wie mein Dick. Mit der ganzen Bande war es lustiger, aber ich zog es trotzdem vor, alleine mit meinem Hund im Wald zu sein. Das waren unvergessliche Momente. Wenn er nach dir Ausschau hält und du mit Absicht etwas zurückbleibst und dich am Wegrand im Gebüsch versteckst. Und dann sucht er und spürt dich auf. Und ihr beide seid glücklich über das schnelle Wiedersehen. Der Hund ist froh, dass er sein Herrchen gefunden hat, das Herrchen ist froh, dass es so einen klugen Hund hat, und beide sind froh, dass sie einander lieb haben und wieder vereint sind. Oder wenn ihr auf einen Hasen stoßt, der bis zum letzten Moment reglos bleibt und dann fast unter deinem Fuß hervorschießt, und du zusiehst, wie dein wuchtiger Rüde sich zu einem Pfeil streckt, die Ohren anlegt, leicht winselnd dem Hasen hinterherhetzt und allmählich zurückfällt. Was für ein Genuss, an einem feuchten Herbsttag spazieren zu gehen, in der langen hellen Dämmerung, wenn weit und breit kein Mensch zu sehen ist und Moderduft und Nebel aufsteigt.

Oder im Winter, im Schnee, der in unserer Gegend so selten ist – du siehst Fußspuren, eigene und fremde, deine Stimme schallt hell und weit, du schreist aus voller Lunge: »Dick, hier!«, und gleich darauf hörst du zuerst das Tappen seiner Pfoten, dann das Hecheln und erst danach siehst du, wie dein Hund auf dich zurennt und dabei den Schnee von den unteren Ästen fegt.

Wie schön, an einem Sommerabend auf dem Heimweg zu sein, die Luft sirrt und es riecht schon nach

Wolkenbruch, und als du aus dem Wald trittst, hörst du auf einmal, wie die Blätter viel zu laut rauschen, und du weißt, das ist der Regen, er ist schon überm Wald und dir auf den Fersen. Du rennst so schnell du kannst übers Feld bergab, dein Hund an deiner Seite blickt dir ins Gesicht, und auf halbem Weg holt der Regen euch ein. Danach geht ihr durchs Dorf nach Hause, du führst ihn an der Leine, und alle Hunde entlang der Straße kläffen, was das Zeug hält, und dein Hund antwortet mit lautstarkem Gebell, du musst ihn mit aller Kraft zurückhalten, ihr seid beide erschöpft und glücklich. Du gibst ihm zu trinken, gießt Wasser aus einer Kanne in seine Schale nach, bringst ihm sein Abendessen raus. Selig schlaft ihr beide ein, und als du am Morgen in die Schule gehst, begleitet dich mit klirrender Kette dein Hund vors Tor, und ihr wisst beide, dass ihr abends wieder losziehen werdet, wieder zusammen, wieder glücklich.

Die Kindheit ist eine Zeit des Glücks. Meine Kindheit jedenfalls war glücklich, Gott sei Dank, und meine wärmsten und liebsten Erinnerungen sind mit meinem Hund und mit diesen Spaziergängen verbunden.

Aber dann ging die Kindheit allmählich zu Ende, die Spaziergänge mit dem Hund wurden zur lästigen Pflicht, oder zum Vorwand, um mit anderen Jungs im Wald zu rauchen und Karten zu spielen. Im Sommer verbrachte ich mehr Abende mit meinen Freunden und mit Fußball als mit meinem Hund. Jedes Mal, wenn Dick sah, wie ich Richtung Tor lief, machte er einen Satz aus seiner Hundehütte, in den Augen die Hoffnung, dass wir gleich gemeinsam losgehen würden, aber fast immer wurde er enttäuscht. Anfangs blieb ich noch stehen, streichelte ihn und bat ihn um Entschuldigung, weil ich ihn an dem Tag nicht ausführen würde, er leckte mein Gesicht und wir verabschiedeten uns. Irgendwann tätschelte ich ihn nur noch beim Weggehen, und schließlich ging ich einfach an ihm vorbei. Je höher die Schulstufe, desto weniger beschäftigte ich mich mit meinem Hund und desto seltener wurden unsere Spaziergänge, bis sie eines Tages ganz aufhörten. Ich hatte nun neue Interessen, neue Freunde, der Hund stand nicht mehr an erster Stelle – wie eine Frau, die man nicht mehr wahrnimmt, obwohl man noch mit ihr zusammenlebt.

Nach dem Schulabschluss zog ich zum Studium in die Stadt und sah Dick nur noch ein Mal die Woche. Ich streichelte ihn zur Begrüßung, manchmal zum Abschied. Hatte ich ihn noch lieb? Natürlich, aber diese Liebe war wie eine Gewohnheit, wie die Liebe zu den Großeltern. Dick war damals schon zehn und wurde langsam alt. Hatte er mich noch lieb? Ich denke, ja. In den letzten Jahren war es zwar meine Mutter gewesen, die sich um ihn kümmerte, die ihn fütterte und über Nacht im Hof oder auf der Straße laufen ließ, aber ein Hund entscheidet sich nur einmal für einen Herrn und bleibt ihm bis zum Lebensende ergeben. Dick wurde kränklich. Seine Hinterbeine fingen an wegzuknicken, er stand nur noch selten auf und bekam Rheuma. Diese Krankheit hatte ich selbst durchgemacht, meine Familie wusste deshalb, was zu tun war, und gab ihm die notwendigen Spritzen. Dick rappelte sich wieder auf und machte es danach noch eineinhalb Jahre. Er starb langsam und qualvoll. Aber ehe wir uns entschließen konnten, ihn einschläfern zu lassen, war auf einmal alles vorbei. Ich kam aus der Stadt nach Hause und brachte ihn auf einer Karre weg, in einer großen Kiste. Dick war im Alter fast um die Hälfte geschrumpft, aber immer noch recht schwer.

Ich begrub ihn allein, neben dem Weg in den Wald, den wir so gerne entlanggelaufen waren, auf einer Brache, die allmählich zur Müllhalde verkam. Ich hob eine Grube aus, legte ihn hinein und machte mich ans Zuschaufeln. Ich hatte nichts dabei, um Dick zuzudecken, und nach der ersten Schaufel Erde, die auf der Hundeschnauze landete, hielt ich inne. Es war schwer. Ich konnte mich kaum überwinden. Nach der zweiten Schaufel traten mir Tränen in die Augen. Als die Erde den Hund ganz bedeckte, wurde es einfacher. Nie hätte ich gedacht, dass es schwerer sein würde, einen Hund zu beerdigen als den eigenen Vater.

Es gibt keine bösen Menschen, sagt man, nur böse Taten. Das stimmt. Jeder Mensch hat etwas Gutes in sich. Dieses Gute ist sein gutes Herz. Je gutherziger, desto besser ist der Mensch. Die Grundlagen dafür werden in der Kindheit geschaffen: durch die Zärtlichkeit der Mutter, die Arme des Vaters, die Freunde, die Märchen, die Bücher, die Kinderfilme. In dem Bild eines kleinen Mammuts, das auf einer Eisscholle zu seiner Mutter schwimmt, steckt mehr Herz als in allen sozialen Hilfswerken zusammen. Auch Liebe schafft Güte. Nicht nur Liebe zu den Eltern, Geschwistern und sonstigen Verwandten, sondern auch zu Tieren. Vor allem zu den eigenen Haustieren.

Es gibt nichts Besseres, als einen Hund zu lieben und sich so zu verhalten, dass er die Liebe erwidert. Katzen können nicht lieben, Sittiche erst recht nicht. Leben ja, aber lieben nicht. Die Liebe zu einem Hund ähnelt am ehesten der zu einer Frau. Deine Mutter mag dich zwar lieben, aber sie muss auch deinen Vater lieben, deine Geschwister, ihre eigenen Eltern, und vielleicht auch noch Onkel Petja, den Nachbarn, auch wenn uns das nichts angeht … Ein Hund wird nie jemand anderen lieben, er bleibt dir immer treu. Und er verlangt keine Gegenleistung. Außer deiner Liebe.

Kindheit

Alle finden, die Kindheit sei die glücklichste Zeit im Leben. Stimmt. Und die hellste, würde ich hinzufügen. Im Großen und Ganzen jedenfalls. Für die meisten. Mir tun alle leid, die keine Kindheit hatten, deren Kindheit zu früh vorbei oder nicht hell genug war.

Ich hatte beides – eine Kindheit und viel Licht. Wobei sich Licht nicht in zwei Kilo Mandarinen zu Neujahr oder in Trickfilmen auf dem Schwarz-Weiß-Fernseher bemisst. Und auch nicht in der Zahl der Geburtstagsgeschenke.

Mit acht wünschst du dir nichts sehnlicher als ein Set ungarischer Plastiksoldaten. Du träumst von einem ferngesteuerten Auto, gern auch mal am helllichten Tag. Ob du die Spielzeugsoldaten besessen, ob du das ferngesteuerte Auto bekommen hast, spielt später, nach vielen Jahren, keine Rolle mehr. Wenn du erst erwachsen bist, begreifst du, dass dieser auf dem Dachboden vor sich hin staubende Kram völlig unwichtig ist, und du begreifst außerdem, dass dir damals als Kind auch noch andere Dinge wichtig waren.

Das Wichtigste war – und so sollte es auch sein –: deine Mutter, deine Familie, deine Freunde, deine Lieblingstiere, all das Lebendige um dich herum. Davon ging dieses Licht aus, das für immer aus dir leuchten wird, egal, was später kommt. Danach. Nach der Kindheit.

Ich habe ganz frühe Erinnerungen an mich selbst. Manchmal kommt es mir so vor, als könnte ich mich noch an die Gesichter erinnern, die sich über mich gebeugt haben, als ich im Kinderwagen lag (obwohl ich inzwischen eher glaube, dass es eine Filmszene ist, die ich da vor mir sehe).

Ich habe mich sehr früh schon als Person wahrgenommen, so etwa mit fünf. Einmal hatte ich mir einen Splitter eingezogen und bekam ihn nicht wieder heraus. Irgendein Freund, der Name von dem Knallkopf will mir partout nicht einfallen, sagte, das war's dann, der Splitter wandert aus dem Finger bis ins Herz, und dann bist du tot.

Das ist mein allererster klarer Eindruck aus der Kindheit – ich bin fünf, ich komme gerade aus dem Kindergarten, in Sandalen und kurzen Hosen, und laufe schräg über den kleinen Hügel bei unserem Dorf (Kinder mögen ja keine Wege, sie kürzen dauernd ab, und wenn der Weg gerade ist, kriechen sie durchs Gebüsch). Ich laufe also über die Anhöhe, unter mir das Dorf, hinter mir der Kindergarten, irgendwo links die Schule, mit der ich noch nichts zu tun habe, und verabschiede mich in Gedanken von allem, ich mache mich aufs Sterben gefasst. Eine ruhige, in Maßen tragische Stimmung mit leichtem Wind. Doch ich weine nicht – es ist, wie es ist.

Was weiter passiert ist, weiß ich nicht mehr, aus der frühen Kindheit sind mir nur Bruchstücke in Erinnerung, aber da ich noch lebe, hat der Splitter sein Ziel wohl verfehlt.

Ich bin sechs. Straße, früher Abend, wir spielen Krieg. Ich liege, das Gewehr in der Hand, neben einem Freund in Deckung, hinter einem Stein in der Nähe unseres Hauses. Plötzlich zieht mir jemand die Plastik-Ersatzpistole aus dem Gürtel und hält sie mir an den Rücken. Ich drehe mich um – mein Vater. »Papa, du störst!« Starke, schwielige Kraftfahrerhände, schwarz und mit blauen Flecken von irgendeiner Reparatur. Er kommt von der Arbeit. Nüchtern. Pures Glück.

Es ist merkwürdig, welche Erinnerungsfetzen aus der Kindheit im Gedächtnis bleiben. Ich bin sieben. Meine Mutter schlägt mit einem Gummischlauch auf meine nackten Beine ein – die Mädchen von nebenan haben ihr gesagt, ich hätte mit Steinen geworfen und eine Scheibe eingeschlagen. Aber ich habe gar nicht geworfen, ich habe nur dabeigestanden und zugesehen, wie die anderen Jungs die Mädchen mit ihren Steinen geärgert haben, und überhaupt sind an dem Tag bei vielen Leuten die Scheiben rausgeflogen – im Steinbruch nebenan haben sie es mal wieder mit dem Dynamit übertrieben. Mit dem Schlauch verprügelt wurde ausgerechnet ich. Das war schmerzhaft. Und verletzend. Weil ich nicht schuld war ... Ich bekam selten Prügel, und wenn, dann immer wegen der Streiche von anderen.

Zurück zum Steinbruch. Haben Sie in Ihrem Ort etwa keinen Steinbruch? Komisch. Wir hatten einen. Er war ganz in der Nähe. Dort wurde regelmäßig gesprengt, jeden Tag, immer um die Mittagszeit. Plötzlich heulte die Sirene, zwei Mal, einmal kurz, einmal lang. Dann, nach einer Pause, die Explosion. Wenn man schnell genug auf den Hof rannte und die Richtung erriet, konnte man oben über der Sprengstelle eine kleine Staubwolke sehen.

Mein achter Geburtstag, wie immer kommen morgens meine Freunde, wir sammeln im Garten ein ganzes Glas Kartoffelkäfer und bauen den Tierchen ein Straflager aus Sand und Sperrmüll ...

Abends die richtige Feier. Ein Haufen Gäste, alles Freunde von meinen Eltern. Sie schenken mir was, Geld vor allem – richtig echte, schmucke Scheine, in Rot und Blau, mit Leninprofil drauf. Eigentlich toll, nett gemeint, wie für einen Erwachsenen. Am nächsten Morgen lieferst du die Scheine dann bei deiner Mutter ab. Sie muss dich nicht mal drum bitten, du machst es von dir aus, es gehört sich so. Später kaufen dir deine Eltern was von dem Geld, oder es geht für andere Ausgaben drauf, bessert die Haushaltskasse auf, die nach der Feier geplündert ist, schließlich musste die ganze Sippschaft angemessen bewirtet werden. Und du fühlst dich leer und betrogen. Irgendwann hatte ich auf Lenin zum Geburtstag keine Lust mehr.

Wenn heute jemand mit Geld statt einem richtigen Geschenk zu meinem Kind zum Geburtstag kommt, hat er nichts zu lachen – ich kann ganz schön unangenehm werden.

Kinder können mit Geld nichts anfangen. In der ersten Klasse habe ich einmal auf dem Sportplatz anderthalb Rubel gefunden. Ich wusste nicht, was ich damit machen sollte. Das war ungefähr dasselbe Gefühl, als würde ich heute einen Eine-Million-Dollar-Schein finden, der einen unter UV-Licht lesbaren Vermerk »Sonderdezernat Wirtschaftskriminalität« trägt: ein Haufen Geld, den man zu nichts gebrauchen kann. Ich bekam damals jeden Tag zehn Kopeken fürs Mittagessen, das reichte für ein großes Milchbrötchen. Jetzt hatte ich auf einmal anderthalb Rubel. Ich wusste nicht, wohin damit; ich sagte meinen Eltern nichts, sondern versteckte das Geld, und irgendwann verlor ich es und war beruhigt – lästiger Kram, kann mir gestohlen bleiben und so weiter …

Neun. Seit Neuestem hatten wir ein Auto. Einen alten Moskwitsch. Ans Meer ging es nun nicht mehr in einem mörderisch stickigen, langsamen Bus und auch nicht im kolchoseigenen Pritschenwagen mit den Holzbänken, sondern im eigenen Auto! Ich fand das nicht cool, diesen Begriff gab es damals noch nicht, es war einfach schnell und bequem. Das Spannendste an einem Ausflug ans Meer ist der Moment, wenn man fast da ist und versucht, diesen schmalen Streifen zu entdecken, der sich farblich ein klein wenig vom Blau des Himmels abhebt. Wenn das Auto die letzte Anhöhe nimmt und du es endlich siehst, eine ganz dünne Linie am unteren Himmelsrand – das Meer! Gleich bist du da. Und jetzt schon glücklich.

Zehn. Abend, Dämmerung, die Straße vorm Haus. Wir spielen Verstecken. Jungs und Mädchen. Es ist schon fast dunkel. Bald sieht man gar nichts mehr. Aber noch können wir spielen, ein kleines bisschen noch. So lange es geht. Alle sind da, wir sind mittendrin, alle haben Spaß. Als ich an unserem Gartentor vorbeirenne, weht mir aus der Sommerküche der Geruch von Bratkartoffeln in die Nase – gleich muss ich rein zum Essen, und aus dem Zimmer, in dem unser Fernseher steht, tönt durchs offene Fenster die Anfangsmelodie der Kundschafterserie *TASS ist ermächtigt zu erklären …* – dann schaffe ich es also nach dem Abendessen noch, ein Stück davon zu sehen.

Es ist das eindrücklichste Bild aus meiner Kindheit, ich muss nur die Augen schließen, dann erlebe ich alles wie damals: die Straße, die Dämmerung, das Spiel, den Bratkartoffelduft, die Musik – am liebsten würde ich den Atem anhalten und bis in alle Ewigkeit genau dort bleiben, obwohl der Moment eigentlich schon die Ewigkeit für mich ist.

Wenn Sie als Kind nie einen Sommer auf dem Dorf verbracht haben, wenn Sie nie in der Dämmerung mit Freunden Verstecken gespielt haben, dann hatten Sie keine richtige Kindheit.

Elf. Unsere Straße: Makar, Sanja, Taxik und ich haben uns mit den Jungs aus der Nachbarstraße zusammengetan: Lelja, Barsuk, Oleg und Belan.

Sommer. Wir spielen Schlag den Zeisig – wir werfen der Reihe nach mit Stöcken, um zwei übereinanderstehende Konservendosen abzuschießen, dann rennen alle los, um sich ihre Stöcke wiederzuholen, der Spielführer bewacht den Zeisig und versucht die anderen mit seinem Schläger abzuwehren. Man kann sich seinen Schläger schnappen und versuchen, den Zeisig zu treffen. Stockschläge auf die Finger – so fühlt sich die Kindheit an.

Lelja ist der Boss, der Anführer, er ist fünf Jahre älter als ich, fast erwachsen – er läuft in Trainingshose und T-Shirt rum, reißt Witze und drangsaliert die anderen; er darf das.

Makar, dick und kräftig, ist mein Nachbar, einer von den Freunden, mit denen man schon im Sandkasten spielt. Er ist vier Jahre älter, und wir sind viel zusammen, deswegen lassen mich die anderen meistens in Ruhe.

Sanja und Taxik gehen in eine Klasse, sie sind ein Jahr älter und wohnen nur drei Häuser weiter, aber auf verschiedenen Seiten.

Barsuk ist der Einzige, der jünger ist als ich, aber er wohnt neben Lelja, deswegen ärgert ihn keiner außer Lelja selbst, aber der ärgert auch alle anderen.

Oleg, auch er viel älter als ich, ist zurückgeblieben, ein debiles Riesenbaby, aber einigermaßen unauffällig und nur selten neben der Spur.

Belan kommt, wie auch Sanja, aus guter Familie, hiesige Intelligenz, mit hohen Posten im Dorf.

Wir waren eine lustige Clique, oder wie man neuerdings sagt, ein krasser Clan. In der Schule hatten wir kaum Kontakt, weil wir in verschiedene Klassen gingen, aber in der Freizeit waren wir fast immer zusammen.

Mit zwölf bekam ich wie fast alle aus unserer Clique ein Fahrrad, und da ging's los: Attacken auf Erdbeerfelder und Apfelgärten, Verfolgungsjagden mit den Wachleuten, Rallyes über Schnellstraßen, im freien Gelände und durch Wassergräben, ständige Wettfahren und so weiter und so fort … Stürze, Schürfwunden an Ellenbogen und Knien, kaum war eine verheilt, kam die nächste … Warum mussten Sanja und ich auch unbedingt wetten, wer es freihändig und ohne Bremse am weitesten von diesem gar nicht so steilen Berg runter schafft? Sanja verlor, denn er bremste vor einer Schar Gänse. Ich trug eine Verletzung auf der linken Wange davon, deren Spuren noch jahrelang zu sehen waren, eine Gans renkte sich den Flügel aus, und meine Mutter bekam einen leichten Infarkt, als sie mich sah – kurz, so richtig froh war keiner … Aber das gehörte nun mal dazu.

Dreizehn. Fußballfieber. Wir spielten schon seit ein paar Jahren, auch im Frühling und im Herbst, manchmal sogar im Winter, aber der Sommer, besonders dieser, übertraf alles! Mitten in der Wildnis hatten wir zwei Fußballplätze angelegt. Wir spielten Straße gegen Straße. Es gab Siege und Niederlagen und Schlägereien im Anschluss – Mann gegen Mann, alle schauen zu, keiner mischt sich ein.

Fast jeden Tag, wenn die Hitze nachlässt und du deiner nächsten Verwandtschaft die nötige Unterstützung bei der Hausarbeit hast zukommen lassen, lauschst du, wartest auf ein ganz bestimmtes Geräusch – hat da nicht in der Nachbarstraße einer angefangen zu kicken – dann spielen wir also heute bei uns!, oder springt der Ball etwa gleichmäßig auf den Asphalt – das heißt, Lelja ist unterwegs, er kommt dribbelnd zu uns herüber, also spielen wir heute mit der ganzen Truppe auswärts! Schnell, die Sportsachen! Socken, im Sommer! Ich setze mich auf die Vortreppe und schnüre meine Turnschuhe. Flott, aber sorgfältig – damit ich sie später ja nicht nachziehen muss. Die Zeit vergeht langsam. Sehr langsam. Die Minute zum Zubinden kommt mir wie eine ganze Stunde vor. Höchste Anspannung. Der letzte Knoten – fertig! Wie ein geölter Blitz schieße ich hoch, sprinte die zehn Meter bis zum Gartentor, schaffe es manchmal nicht, den Hund zu kraulen, der es auch nicht immer aus seiner Hütte schafft, und springe auf die Straße. Unsere Truppe! Fußball! Es dauert zwar noch ein bisschen, aber das lästige Schnüren ist immerhin geschafft. Der heiße Sommertag, an dem nichts weiter passiert ist, liegt hinter mir. Jetzt ist Fußball. Ich werde spielen. Mit den anderen. Bis zum Abend. Bis es dunkel ist. Bis die Hemden verschwitzt und die Beine lahm sind. Bis ich Schrammen und Blasen habe – spielen. Gott, wie toll! Danke, dass es das alles gegeben hat!

Vierzehn. Die Kindheit geht zu Ende. Langsam, aber sicher und unwiederbringlich. Der eine muss zur Armee, der andere geht zum Studium, der dritte hat andere Interessen – unsere Clique fällt auseinander.

Früher war meine Welt so groß wie das, was ich sah – sie endete am Horizont. Da wir im Gebirgsvorland lebten, lag der Horizont nicht weit weg: Wir waren umgeben von Hügeln, die Welt um mich herum bildete eine große Schale, die nicht weiter als bis zu den benachbarten Bergen, Anhöhen und Feldern reichte. Meine Welt war begrenzt, hatte aber keine Grenzen. Sie war voll, eine Schale voll kindlichem Glück. Als ich klein war, dachte ich, die Sonne legt sich abends, wenn sie hinter dem Berg untergegangen ist, in ein großes Netz an der Rückseite, ähnlich den Netzen im Großraumschlafwagen im Zug. Hinter dem Berg ist nichts, dachte ich: Ich sah ja nichts, also konnte dort auch nichts sein. Nur die Sonne wohnte dort in ihrem nächtlichen Netz, und sie hatte ein paar kleine Sonnenkinder zu Hause, eine Sonnenkinderfamilie, die sich weder langweilte noch beengt fühlte. Ich weiß nicht mehr, wann genau ich begriff, dass es dieses Netz nicht gab und dass die Welt hinter diesem Berg einfach weiterging. Ich weiß auch nicht mehr, wie lange meine Kinderwelt eine Schale blieb. Irgendwann gab es sie nicht mehr und Schluss. Geblieben ist nur das Licht, das Licht aus der Kindheit.

Fünfzehn Jahre sind seitdem vergangen. Ich lebe schon lange in der Stadt, ins Dorf komme ich kaum mehr.

Makar hat sich etliche Jahre herumgetrieben, ist hier und dort gewesen und dann wieder zurückgegangen, um die Truppe der saufenden Dorfpenner zu komplettieren.

Sanja ist in die Stadt gezogen und schaut nur selten vorbei.

Taxik hat – wie unser ganzes Quartett aus der Straße – seinen Vater verloren, nur hat der sich nicht totgesoffen, sondern erhängt, aber auch das wegen des Suffs. Sein

Bruder ist schon vorher erschossen worden, deshalb ist es kein Wunder, dass Taxik und seine Mutter jetzt überzeugte Sektenmitglieder sind.

Lelja ist zurückgekommen, hat geheiratet und ist fett geworden, macht aber immer noch seine Witze.

Oleg hat sich genau wie Makar schon lange dem Suff ergeben – der grüne Drache macht keinen Unterschied, ob dumm oder schlau, er frisst, was kommt.

Barsuk wäre beinahe im Knast gelandet, bis jetzt läuft er aber frei herum, hat sich irgendwo Geld gepumpt.

Belan fährt LKW.

Die Kindheit ist vorbei, sie wohnt nicht mehr hier. Die Orte sind dieselben und die Leute eigentlich auch, aber trotzdem ist alles anders.

In der Kindheit sind wir immer auf Trab, immer in Bewegung – wir müssen weiter, wir finden alles interessant, müssen alles gesehen haben – Energie haben wir genug, aber Geduld nicht. Alles geht uns zu langsam, alles dauert zu lang. Die Schule nimmt kein Ende. Von wegen zehn Jahre – schon bis zur Pause warten ist eine Qual!

Einem Jungen, der auf einem Bein hüpfend versucht, einen Opa auf dem Fahrrad einzuholen, ist es völlig egal, wie er dabei aussieht – er hat es eilig, es pressiert ihm, es zerreißt ihn förmlich. Ich will auch nicht langsam sein, ich will nicht alle Zeit der Welt haben. Ich will nie darüber nachdenken, wie ich bei irgendetwas aussehe. Ich will, dass es mich zerreißt. Die Kindheit ist vorbei, aber ich hüpfe immer noch auf einem Bein.

Krankenhaus

Jedem, der das Glück hatte, in der UdSSR geboren worden zu sein – wie übrigens auch jedem, der das Pech hatte, dort geboren zu sein –, war es wenigstens einmal, vielleicht auch mehr als ein oder zwei Mal im Leben vergönnt, im Krankenhaus zu liegen. In meinem Fall waren es nur Kinderkrankenhäuser, aber ich glaube nicht, dass es in Erwachsenenkliniken viel anders war. In meiner frühen Kindheit, noch vor meiner Verletzung, war ich nur einmal dort, danach – ständig.

Ein sechsjähriger Junge war bei einem Sprung vom Tisch mit der Achselhöhle an der Stuhllehne hängen geblieben (warum er gesprungen war, wissen wir nicht, aber in dem Moment war es ihm vermutlich sehr wichtig). Danach wuchs ihm unter der Achsel eine ziemlich große Beule. Sie tat nicht weh, aber sie störte, machte den Jungen und seine Mutter mit ihrer Walnussgröße nervös. Nachdem die herkömmlichen Mittel der modernen Medizin in Form von Kräuterhexen, Umschlägen und Beschwörungsformeln auch nach einem Monat keine Wirkung gezeigt hatten, musste man bis zum Äußersten gehen: dem operativen Eingriff.

Der Junge erinnert sich nicht mehr, wie der Arzt seine Mutter angeschrien hat, er erinnert sich nur an die Sauerstoffmaske über seinem Gesicht, wie bei einem Kampfpiloten, und die Worte: »Jetzt fliegen wir ein bisschen.« Zwei Wochen später spazierte der Junge, ein Schachbrett unter den gesunden Arm geklemmt, auf der Suche nach seinem nächsten Opfer – jemanden, den er noch nicht genervt und vernichtend geschlagen hatte – durch die Krankenhausgänge. Dieser Junge war angeblich ich.

Kein Buch würde ausreichen, um all die kleinen Schrammen, Schürfwunden, Kratzer und blauen Flecken der Kindheit aufzuzählen, die »Wehwehchen«, wie man sie damals nannte – jeder anständige Kerl kann mit seinen Kindheitsverletzungen Hunderte von Seiten füllen, aber das wird keinen interessieren, mich selbst eingeschlossen. Alles ganz normal für einen normalen Jungen – und der war ich, bis ich krank wurde. Von da an war ich nicht mehr normal, auf einmal war ich »kränklich«.

Früher habe ich den dämlichen Trinkspruch »Auf die Gesundheit!« nie verstanden. Als ich jung war, konnte ich damit nichts anfangen; später, als ich selbst Kinder hatte, leuchtete mir immerhin schon ein, dass man »auf die Gesundheit der Kinder« trank, denn als Vater weißt du: Sie sind das Wichtigste, was du hast, und ihre Gesundheit ist das Wichtigste, was sie haben. Man muss sich deswegen nicht gleich jeden Abend die Kante geben, aber aufpassen sollte man schon auf sie. An jedem einzelnen Tag, und oft genug auch in der Nacht.

Als Kind verstehst du nicht, warum deine Mutter so laut geschrien hat, als der Nachbarsjunge noch vor dir ins Haus gerannt ist und herausplatzte: »Tante Ljusja, Ihr Sohn hatte einen Unfall!!« Er war vor dir im Haus, weil du gerade nicht laufen konntest, geschweige denn rennen, du warst damit beschäftigt, nicht auf dein aufgerissenes Bein zu gucken, vom Fahrrad ganz zu schweigen – das musstest du ja auch noch schieben, und bis dahin tat es noch gar nicht weh, nur deine Socke wurde feucht und das Bein …

Die Tante Lehrerin war nicht schuld. Sie konnte ja nicht wissen, dass sie drei volle Stunden mit dem Einkaufen zubringen würde, und es war ja auch kein besonders strenger Winter, und die Kinder, mit denen sie auf Exkursion war, würden, solange es viele waren, immer eine Beschäftigung finden, immerhin gab es Bäume, einen Gehweg, Autos fuhren auch – da kommt keine Langeweile auf. Ja, ein paar haben etwas gefroren, das kommt schon mal vor, aber es sind ja nicht alle gleich krank geworden! Ich allerdings schon. Eine normale Erkältung, nicht weiter schlimm, ich war schnell wiederhergestellt. Am Montag war ich wieder in der Schule. Fünfte Klasse, es gab noch viel zu lernen, da konnte man es sich nicht leisten, etwas zu verpassen. Nur meine Beine ließen sich nicht mehr ganz durchstrecken, ganz interessant irgendwie, nur etwas unbequem, aber Hauptsache, die Eltern merken nichts. Am Dienstag ging es wieder schlechter, also lieber doch zurück ins Bett mit dem Jungen. Er klagte über so ein Ziehen in den Beinen; vielleicht lag es am Wetter …

Der Junge blieb allein zu Hause, aber aufstehen konnte er nicht mehr. Gut, dass mittags sein Papa nach Hause kam und den Jungen ganz ruhig ins Auto trug und ins Kinderkrankenhaus brachte. Dort sagten sie, ebenso ruhig: »Gut, dass Sie nicht bis Mittwoch gewartet haben, sonst müssten Sie ihn bis ans Ende Ihrer Tage im Rollstuhl durch die Gegend schieben.«

Ihr glaubt, Rheuma, Polyarthritis und Myokarditis kann man nicht alle auf einmal kriegen, und schon gar nicht als Elfjähriger? Kuriert eure Erkältungen aus und lasst es lieber nicht drauf ankommen.

Schlappe sechs Wochen Bettruhe, nochmal sechs Wochen Ruhe ohne Bett, und du bist praktisch ein freier Mensch – so frei, dass du gleich mal sechs Monate ins Sanatorium fahren kannst. Und der Junge fuhr. Und dann noch einmal, und noch einmal. Kleine Fehler muss man manchmal teuer bezahlen, vor allem, wenn es um die Gesundheit von Kindern geht.

Die Sanatorien machten Spaß – so ein kleines, gemeinschaftliches, in Maßen selbstständiges Kinderleben. Eine

Minischule des Lebens. Ich will hier nicht viel darüber erzählen. Das Spannendste war unser Wellenrennen-Spiel. Das Sanatorium lag am Meer; der Strand war sandig und flach, die Brandung lang, besonders bei Sturm – zehn, fünfzehn Meter –, und vor dem Gebäude gab es einen Holzanleger, der auf Pfählen stand. Wenn sich bei Sturm die Welle zurückzog, musste man an diesem Anleger entlang hinterherrennen, so weit man es schaffte, dann musste man das Geländer greifen und die Beine anziehen. Unter dir hinweg rast donnernd und schäumend die nächste Welle zum Strand, und du hängst da, wartest, dass sie zurückkommt und den Boden wieder freigibt – und dann springst du ab und rennst los, rennst mit der Welle um die Wette. Das war der größte Spaß meiner ganzen Kindheit! Wenn du cool warst, Glück mit der Welle hattest und fast bis ans Ende des Anlegers gekommen warst, konntest du lange so dahängen und auf einen passenden Moment für die Rückkehr warten. Aber wenn du nicht cool warst, sondern eine lahme Socke, oder du einfach nur Pech hattest – mit der Welle oder den Genen der Eltern –, dann musstest du zurück nach Hause, das heißt, ins Sanatorium, dich umziehen.

Nachts hatte unser Block noch einen anderen Nervenkitzel zu bieten, einen mit pubertär-erotischem Touch: über die Balkone im vierten Stock in die Mädchenzimmer klettern. Mit den Mädchen konnten wir zwar auch tagsüber rumhängen, aber das war nicht dasselbe. Auch wenn die Mädchen vielleicht nichts Besonderes waren und wir sie tagsüber gar nicht beachteten – nachts, wenn wir in ihren Zimmern gelandet waren (und sie ließen uns zu jeder Nachtzeit und in jedes Zimmer rein, offenbar hatten sie ihren eigenen, weiblichen Nervenkitzel – das Warten), war plötzlich alles ganz anders, interessanter, verlockender … Die ganz normale Vorpubertät eben.

Kurz, Sanatorien können verschieden sein – meine waren aufregend. Aber ich wollte von etwas anderem erzählen. Und zwar von einem Krankenhaus. Dem letzten Kinderkrankenhaus meines Lebens, genauer, meines Lebens als Kind.

Der Ort an sich war nichts Besonderes – ein ganz anständiges Kreiskrankenhaus, mit guten Leuten, guten Ärzten, die wichtige Operationen durchführten, Kindern das Leben retteten und sie manchmal sogar gesund machten. Eine dieser Operationen war besonders nützlich – wenn der Punkt nun mal erreicht war und es nicht mehr anders ging, weil du sonst dein Leben lang durch die Nase reden und die Zähne blecken würdest wie ein Pferd. Ich spreche von der Tonsillektomie. Im Volksmund, bei den einfachen Leuten – also da, wo ich herkomme und auch nicht groß wegwill – hieß diese OP einfach: »Mandeln rausreißen«. Wenn Ihnen oder Ihrem Kind also eines Tages jemand zu einer Tonsillektomie rät, glauben Sie ihm nicht! In Wirklichkeit wird man Ihnen oder Ihrem Kind die Mandeln rausreißen.

Mir wurde relativ spät zu dieser OP geraten – ich war schon vierzehn, aber nach wie vor kränklich, anfällig für Mandelentzündungen und Erkältungen, also stimmte meine Mutter zu. Um das gleich vorwegzunehmen, die OP hat geholfen: Ich wurde seltener krank, und nachdem ich ein paar Jahre später die Medizin und mit ihr das Sportverbot zum Teufel gejagt hatte, praktisch gar nicht mehr. Das Rheuma hat mittlerweile schon vergessen, wie ich aussehe, und meine Krankenakte aus der Kindheit (als Erwachsener hatte ich keine mehr), die im Schrank verstaubt, hole ich nur hin und wieder hervor, um besonders feinfühligen Kinderärztinnen bei Vorsorgeuntersuchungen einen Schreck einzujagen.

Mandelentfernung. Ich weiß nicht, wie es in den Folterkellern der Tschekisten so zuging, aber wenn sie so was mit ihren eigenen Kinder gemacht haben, dann ist mir klar, warum der Rote Terror über die Weiße Armee gesiegt hat.

Vom frühen Morgen an bekommst du nichts zu essen, damit du das Personal nicht vollkotzt. Dann stecken sie dich in einen Krankenhauskittel, stülpen dir oben einen Sack aus zwei zusammengenähten Mullwindeln über, mit einem kleinen Loch für den Mund, und lassen dich im Warteraum schmoren. Hätte ich damals schon genug schwarzen Humor besessen, dann hätte ich gesagt: »Männer, die Erschießung erfolgt durch den Mund!« Jedenfalls ist dir in diesem Moment vielleicht noch nach Späßen zumute, auch wenn das unablässige Gewimmer und die gelegentlichen Kinderschreie hinter der Tür schon misstrauisch stimmen.

Als Nächstes werden die Blindschleichen mit den Windeln auf dem Kopf einzeln in die Folterkammer geführt. Warum nur musste ich unter meiner Burka hervor einen Blick auf die Werkzeugsammlung werfen – ich sah nicht eins, das meiner Gesundheit förderlich gewesen wäre. Dann schnallen sie dir sämtliche beweglichen Körperteile, Kopf eingeschlossen, am Stuhl fest. »Wird das eine Elektroschockbehandlung? Aber nicht mit der Voltzahl übertreiben!«, würde vielleicht ein amerikanischer Filmheld weiterfeixen, aber mir war das Lachen inzwischen vergangen. Ich spürte, wie ein großer Eisfuchs auf weichen Pfoten herangeschlichen kam und sich ungut an meinen Beinen zu reiben begann ...

Was sie in meinem Mund gemacht haben, weiß ich nicht zu berichten – ich habe es nicht gesehen, und vorstellen will ich es mir nur ungern –, aber einmal, als ich mich besonders erfolgreich herausgewunden hatte und die Öffnung für den Mund kurz zu einem Guckloch wurde, sah ich im Sessel neben mir ein Mädchen von ungefähr zehn Jahren ... Gut, dass ich – ein Junge, stark und mutig – nur von zwei Sanitätern festgehalten werden musste und nicht von der halben Abteilung.

Als die Stocherer in Weiß mit meinen Mandeln durch waren, ertasteten sie plötzlich vergrößerte Rachenpolypen. Nach einer knappen und äußerst wortkargen Beratung wurde das Opfer befragt: »Gleich entfernen? Oder willst du noch mal wiederkommen?« Und entweder, weil ihnen klar war, dass ich so bald nicht wiederkommen würde, oder weil sie mein Gestampfe und Geblöke als Einverständnis werteten, holte die Ärztin einen so gewaltigen Haken hervor, dass ich ihn sogar durch den Stoff hindurch erkennen konnte – und wohl, weil mir bewusst war, dass es das Letzte sein würde, was ich in diesem Leben zu sehen bekam, versuchte ich ihn mir besonders gut einzuprägen. Ich hatte nicht gewusst (allerdings war alles Wissen ohnehin außer Reichweite, denn mein Hirn hatte sich gleich zu Beginn der Operation in mein Skrotum verkrochen und wagte nicht den Blick zu heben), dass Rachenpolypen irgendwo im Bereich des Scheitels an der Schädeldecke kleben. Doch genau dort machten die Ärzte sie ausfindig. Die Polypen wehrten sich kurz, aber erbittert.

Ich hatte von Novocain bis dahin nur Gutes gehört, aber mir schien es während der OP seltsamerweise nicht zu helfen. Oh, wie ich mich täuschte. Als man mich aufs Zimmer gebracht und in mein Bettchen gelegt hatte (aus eigener Kraft kann sich nach dieser Operation zur Umgestaltung des Menschen so gut wie niemand bewegen), wähnte ich mich schon in Sicherheit, ich dachte, die

Schmerzen würden bald nachlassen und es ginge bergauf. Aber es kam ganz anders. Novocain war also doch ein gutes Medikament, es hatte nur einen Nachteil: Es wirkte nicht ewig. Nach einer Stunde hatte ich solche Schmerzen, dass ich mit sämtlichen Extremitäten – zu diesem Zeitpunkt hatte ich an die zehn davon, und alle taten weh – gegen die Wände hämmerte; in meinem Kopf explodierten kurz und rhythmisch Granaten, die Stelle, an der früher einmal mein Hals gewesen war, brannte wie die Hölle, und so ging es ungefähr ein, zwei Jahre.

Wahrscheinlich war es irgendwann in diesen alptraumhaften Mittagsstunden, dass mein Organismus auf zellularer Ebene den Entschluss fasste, nie wieder die Hilfe kostenfreier sowjetischer Medizin in Anspruch zu nehmen, und eigentlich auch keiner anderen. Mein Hirn hatte an dieser Entscheidung jedenfalls keinen Anteil, denn das befand sich noch auf dem qualvollen Rückweg aus der Region der Geschlechtsorgane in den leer geräumten Schädelkasten.

Nach dem Mittagessen kam mein neuer Freund aus dem Nachbarzimmer (im Krankenhaus lernt man sich schnell kennen) mit einer riesigen Melonenhälfte vorbei. Ich mochte Melonen auch an guten Tagen nicht besonders, aber an dem Tag war mir noch weniger danach. Ich konnte nichts sagen (es dauerte Tage, bis ich wieder sprechen und richtig schlucken konnte), aber mein Freund hatte irgendwas in meinem Gesicht gelesen und trat den

Rückzug an, noch bevor ich wieder anfing, auf die Wände einzuprügeln.

Auf dem Nachbarbett wand sich ein etwa drei Jahre jüngerer Junge mit Downsyndrom in den gleichen Krämpfen, mit ihm hatten sie dasselbe gemacht wie mit mir. Dass er das Downsyndrom hatte, weiß ich jetzt, damals war er für uns bloß zurückgeblieben, ein Schwachkopf. Und dann war da in unserem Dreibettzimmer noch ein Junge aus gutem Hause, den man nicht operiert hatte, er war einfach nur krank. An jenem Tag sah ich ihn allerdings nicht, er hatte sich strategisch in Luft aufgelöst und tauchte erst gegen Abend wieder auf, als die Apokalypse vorüber war.

Es war einer der schlimmsten Tage meines Lebens. Nicht wegen der OP und der Schmerzen – ich wäre bereit gewesen, das alles noch mal zu ertragen, wenn ich damit hätte verhindern können, was danach passierte. Aber wer weiß, vielleicht hat alles sein Gutes. Wie gesagt, es war ein mieser Tag, aber der Tag davor war ein guter Tag gewesen. Ich wusste noch nicht, was mich erwartet; es war mein zweiter Tag im Krankenhaus – ich kannte schon alle und alle kannten mich, ich war einer von den Älteren, Cooleren, cooler als das übrige junge Gemüse. Den ganzen Morgen waren mein neuer Kumpel und ich durch die Station gezogen und hatten unseren Spaß gehabt. Dann, in der Mittagsruhe, hatte der eine Zimmernachbar – der aus gutem Hause – angefangen, sich über den anderen Zimmernachbarn, den mit dem Downsyndrom, lustig zu machen. Nein, er hat ihn nicht geschlagen oder beleidigt, er hat ihm einfach einen Streich gespielt, ihn geprankt, wie wir heute sagen würden, aber damals noch nicht sagten. Der Junge aus gutem Hause machte sich über den Down-Jungen lustig, indem er so tat, als würde er seine Socke aus dem Fenster werfen, sie aber in Wirklichkeit in seiner Faust versteckte und dann dem anderen zeigte. Ein schlauer Junge verarschte einen nicht ganz so schlauen. Ein paar Vorführungen reichten aus, um den Down-Jungen an das magische Fenster glauben zu lassen, und er begann ebenfalls, seine Sachen nach draußen zu werfen – Socken, Unterhosen usw. Sie segelten aus dem vierten Stock, aber nichts kam zurück. Der nicht ganz so schlaue Junge verstand nicht, was los war, und gab sich weiterhin alle Mühe, seine Klamotten durchzubringen, bis schließlich nichts mehr übrig war – er hatte wohl nicht besonders viele Sachen, oder vielleicht hat er doch irgendwann eingesehen, dass da irgendwas nicht stimmte, und hat aufgehört.

Währenddessen schüttelte sich der Junge aus gutem Hause in seinem Bett vor Lachen, und in den Pausen zwischen seinen Lachsalven feuerte er den Down-Jungen an. Ich lag mit einem Buch auf meiner Koje und beobachtete das Ganze schweigend, vielleicht musste ich angesichts dieser albernen Szene sogar ein paar Mal lachen. Ich war älter als sie beide und hätte es jederzeit beenden können, aber ich tat es nicht. Nein, es gefiel mir nicht, was da vor sich ging, aber vielleicht war es zu schnell gegangen, zu unerwartet – ich hatte zum ersten Mal unmittelbar mit einem behinderten Kind zu tun –, vielleicht war ich selbst erst vor Kurzem aus der Haut des gedemütigten Aussätzigen gekrochen und sah mir gern auch mal von außen an, wie das so ist – ich weiß es nicht, ich erinnere mich nicht mehr. Das ist auch nicht der Punkt. Der Punkt ist, ich hätte es beenden können und tat es nicht.

Nach der Mittagsruhe kam die Krankenschwester vorbei und fragte, wo die Sachen des nicht ganz so schlauen Jungen seien. Der Junge aus gutem Hause sagte, der Trottel hätte sie selbst aus dem Fenster geworfen, womit er rein technisch recht hatte. Und auch an dieser Stelle mischte ich mich nicht ein; Verpetzen war gegen den Ehrenkodex, und außerdem hätte ich womöglich uns beiden Ärger eingehandelt, weil wir uns über einen Behinderten lustig gemacht hatten. Und der zeigte nur zum Fenster und brummelte irgendwas – wirklich sprechen konnte er nicht.

Aber das war alles gestern gewesen, und gestern war ein guter Tag. Ein Teil der Sachen wurde zurückgebracht, ein Teil war verschwunden, und schon am Abend war der Vorfall vergessen – bis dahin waren eine Menge andere Dinge passiert, die die Geschichte mit dem Fenster schnell überlagerten.

Und heute, ja heute war mir sowieso alles schnuppe – noch am Morgen hatte ich gedacht, man macht mich zum Krüppel, oder ich erlebe nicht mal mehr das Mittagessen. Nur gut, dass es zum Abend hin besser wurde.

Und dann kam spätabends, nach dem Zapfenstreich, Besuch zu dem Down-Jungen: seine Mama. Wie sich herausstellte, haben auch zurückgebliebene Jungen eine Mutter, die ihren Sohn liebt, und ihr Sohn liebt sie. Sie kam, um nach der OP nach dem Rechten zu sehen, er legte seinen Kopf in ihren Schoß und begann wie ein Welpe zu winseln, sie streichelte ihn. Und plötzlich schämte ich mich so für den gestrigen Tag, ich schämte mich in Grund und Boden, ich wollte aus dem Bett springen und den Jungen aus gutem Hause treten, ich wollte mich bei der Mutter entschuldigen, ja, nicht bei dem Jungen, er hätte es wahrscheinlich sowieso nicht verstanden, sondern bei ihr. Warum war sie so spät gekommen? Wahrscheinlich musste sie von früh bis spät arbeiten und wohnte weit weg – aber sie war trotzdem gekommen. Einen Vater gab es offenbar nicht, sonst wären sie zu zweit gekommen – es war ja schon spät und sein Sohn hatte eine OP hinter sich. Vielleicht konnte er mit so einem Kind auch nichts anfangen, manche Väter können ja schon mit gesunden Kindern nichts anfangen. Aber sie war gekommen, alleine und spät, und ihr Junge wimmerte jetzt auf ihrem Schoß, und er würde niemals ganz gesund sein und sie wusste das, und trotzdem liebte sie ihn, das sah man. Deshalb wäre ich am liebsten aufgestanden und hätte mich bei ihr entschuldigt. Aber ich stand nicht auf und ich schlug auch den anderen Jungen nicht, es war zu spät, ich hätte gestern etwas tun müssen – also lag ich einfach still da, ich wagte mich während der ganzen Stunde, die dieses schweigsame Beisammensein andauerte, nicht zu rühren.

Am nächsten Tag ging es mir besser, die Schmerzen ließen nach. Ich trank ein wenig warme Brühe, das Schlucken und Sprechen tat noch weh. Der Junge aus gutem Hause bekam nun auch Besuch von seiner Mutter, und ich wurde wieder Zeuge eines Wiedersehens. Aber er war bei mir unten durch, und dieses Gefühl ging auch auf seine Mutter über, und auf seinen Vater, der übrigens auch nicht aufgetaucht war, aber man konnte spüren, dass es ihn irgendwo gab.

Und wieder sagte ich kein Wort – was hätte das jetzt auch für einen Sinn gehabt.

Am nächsten Tag ließen wir Papierflieger steigen. Dass sie aus Papier waren, muss ich heute dazusagen, wo es jede Menge schicke Modelle aus Plastik gibt, Spielzeugflieger, die richtig fliegen können. Damals kannten wir nur das eine Modell, aus Papier. Wir zerrupften einen Schreibblock mit sechsundneunzig Seiten in einzelne Blätter, und am Ende hatten wir fast hundert weiße, fein karierte Flieger. Die ganze Mittagsstunde hindurch bastelten wir, und am Nachmittag, nach der Vesper, ließen wir sie vom Balkon fliegen. Das sah sehr, sehr schön aus: Ein Teil war noch in der Luft, ein Teil schon gelandet, und wir schickten immer neue hinterher ...

Wir – das waren mein Freund und ich und noch zwei andere Jungs von unserer Station. Pathoshalber könnte ich hinzufügen, dass auch der Junge mit Downsyndrom und der Junge aus gutem Hause dabei waren, aber das waren sie nicht. Mit dem Trottel wollte sich keiner abgeben, und der gute Junge hatte sich bei näherer Betrachtung auch in anderer Hinsicht – ganz abgesehen von der Fenstergeschichte, von der außer mir niemand wusste – als nicht so guter Junge erwiesen. Und da gibt es unter Männern keine Gnade, wenn du ein Kotzbrocken bist, hast du verloren.

Für mich kommt dieser letzte Aufenthalt im Kinderkrankenhaus dem Ende eines Abschnitts gleich, dem Ende meiner Kindheit. Das Älterwerden – der Übergang vom Kind zum Jugendlichen, dann zum Erwachsenen und dann zum alten Mann, aber auch kleinere Veränderungen – vollzieht sich nicht nach dem Kalender und nicht kontinuierlich, sondern in Stufen; etwas in dir sammelt sich an, reift heran, und dann plötzlich geschieht etwas, und du verwandelst dich – es vergehen ein, zwei Tage, eine Woche, und schwupps, etwas macht klick, du hast eine Markierung übersprungen, stehst plötzlich, verändert, auf der nächsten Stufe. Dann vergehen wieder ein, zwei, drei Jahre Vorbereitung – eine innere, die nur indirekt von dir abhängt –, und es macht klick, die nächste Stufe …

Nach diesem Krankenhaus war ich ein Stück erwachsener, ein Stück anders geworden, ich hatte mich praktisch von meiner Kindheit verabschiedet. Ich weiß nicht, was die stärkere Wirkung hatte – der Schmerzschock oder das schlechte Gewissen, nicht im entscheidenden Moment für den Jungen eingetreten zu sein, oder die hundert Papierflieger. Ich weiß es nicht, aber irgendetwas in mir hatte klick gemacht.

Was es genau war, ist nicht mehr wichtig. Wichtig ist etwas anderes: Dass ich seitdem nie wieder geschwiegen habe, wenn jemand gedemütigt wurde, und ich weiß genau, dass ich auch in Zukunft nicht schweigen werde.

Schule

Bei der Abschlussfeier im Kindergarten bekam ich keine Schulmappe. Alle bekamen beim Fahnenappell ihre Mappe, nur ich nicht. Meine Mutter war Erzieherin dort, sie nahm mich beiseite und sagte, ich bekäme meine Mappe später, und zwar nicht so eine wie alle anderen, sondern etwas Besseres. Und ich bekam sie dann auch. Sie war wohl blau, alle anderen hatten braune. Und schöner war sie auch, mit Tragegurten – ein richtiger Ranzen, während alle anderen bloß die normalen braunen Mappen mit Griff hatten. Und eigentlich hätte ich froh sein sollen, aber ich war es nicht. Meine Mutter überreichte mir meinen Ranzen am Tag nach der Abschlussfeier, alleine, im Schlafraum unserer Kindergartengruppe, aber ich konnte mich nicht darüber freuen. Ich brauchte keinen besonderen Ranzen, ich wollte einen normalen, so wie alle, aber dafür mit allen zusammen und nicht unter vier Augen, heimlich, in der Mittagsruhe.

Aber auf die Schule freute ich mich. Dabei freute sich sonst kaum ein Kind darauf, und es war sogar ganz lässig, auf das »Na, freust du dich schon auf die Schule?« der

Erwachsenen mit »Nein« zu antworten. Das galt als anständige Reaktion und wurde nicht gerügt, sondern mit Schulterklopfen bedacht und einem »Macht ja nichts, wird schon noch kommen mit der Zeit«. Aber ich antwortete: »Ja, ich freue mich auf die Schule.« Und mir wurde nicht auf die Schulter geklopft, und es gab nichts weiter zu sagen. Ich wollte immer sein wie alle, aber es ist mir nie gelungen. Mein ganzes Leben bin ich schon für mich und stehe abseits.

Ich sollte das erste Läuten übernehmen. Aber ich hatte keine Ahnung, niemand hatte mich darauf vorbereitet, dabei wussten es die Erwachsenen sicher schon vorher. Rückblickend ist mir klar, dass ich der einzig mögliche Kandidat war: Ich war der hellste Kopf in der Gruppe, meine Mutter arbeitete als Erzieherin in unserem Kindergarten, und ich hatte diesen besonderen Ranzen, blau vermutlich. Eine Zehntklässlerin ging mit mir an der Hand, wahrscheinlich die Klassenbeste, und ich läutete. Versuchte zu läuten. Die Glocke läutete erbärmlich. Den Klöppel gab eine an einer Schnur befestigte Mutter, aber weil ich die Glocke falsch herum hielt, mit dem Griff nach unten, verschwand die Mutter irgendwo am Grund, verklemmte sich und wollte nicht mehr richtig läuten. Die Klassenbeste lief mit mir im Kreis, ich war komplett neben der Spur und vom Appell in der prallen Sonne so erschöpft wie alle neuen Erstklässler, versuchte die stumme Glocke zu läuten und trug ein dümmliches

Lächeln vor mir her. Irgendwann schüttelte ich die Glocke kräftiger, die Mutter brachte ein klägliches Scheppern zustande und wir langten an der großen Treppe an. Dann dröhnte der Schulwalzer aus den Lautsprechern, und alle gingen die Stufen hinauf, ins Land des lastenden Wissens.

Ich hatte mich auf die Schule gefreut, aber die Freude war schnell verflogen. Lernen wollte ich, aber in die Schule gehen wohl nicht unbedingt. Das sowjetische Bildungswesen machte mich fertig, diese Routinen, der Drill, die klebrig-zähen Unterrichtsstunden. Sport mochte ich, Werken und die Pausen, da gab es wenigstens ein bisschen Freiraum. Mathematik war nicht gerade mein Lieblingsfach – Mathematik zu mögen kommt mir nicht ganz normal vor, das ist wie von klein auf von einer Karriere als Kassierer zu träumen. Aber das Rechnen fiel mir leicht, ich war mit den Aufgaben immer schon nach der Hälfte der Zeit durch. Russisch war furchtbar langweilig, aber Literatur und Geschichte liebte ich heiß und innig, da wurde es interessant, und es ging auch ein bisschen freier zu als in den anderen Fächern. Die Lehrer für russische Sprache und Literatur lasen meine Aufsätze immer vor versammelter Klasse vor, was so ziemlich allen auf die Nerven ging, mich eingeschlossen.

Bei den Pionieren legte ich in nur wenigen Jahren einen atemberaubenden Aufstieg vom Klassenältesten zum Trompeter hin – dass ich keinerlei gesellschaftspolitische

Ambitionen hegte, wurde schnell deutlich, außerdem konnte keiner in unserer Klasse die Fanfare blasen, und ich war immerhin besser als der Rest ... So blies ich bis zum Ende meiner Pionierzeit die immer gleiche schlichte Melodie zu allen Feierlichkeiten, zum Herein- und Heraustragen der Fahnen und dem ganzen Quatsch, fest an der Seite des Trommlers, wiederum abseits.

Unsere Dorflehrer hatten zwar nicht viel auf dem Kasten, waren aber größtenteils herzensgut – schlechte Menschen werden keine Lehrer. Dass das Unterrichtsniveau bei uns damals nicht so besonders war, weiß ich allerdings erst jetzt, damals in der dritten Bank fand ich das alles ganz in Ordnung.

Aber dann kam eine Russischlehrerin aus der Stadt für ein Jahr an unsere Schule. Irgendwie hatte sie für das laufende Schuljahr keinen Platz abbekommen, deshalb unterrichtete sie nun die Dorflümmel, zu denen auch ich gehörte. Als kleiner Fünftklässler verstand ich noch nicht, dass sie eine gute, kompetente Lehrerin war, ich fand einfach ihre Stunden interessant, sogar Russisch, Literatur sowieso, die wurde in dieser Zeit zu meiner großen Liebe, nicht nur in der Schule. Diese Lehrerin schloss mir das Tor zu einer neuen Welt auf, wie und womit, weiß ich nicht mehr, aber nach diesem Jahr hatte sich etwas in mir verändert. Sie war eine richtige Lehrerin. Nach einem Jahr fuhr sie wieder zurück in ihre Stadt und wurde von einer anderen abgelöst, die vorher die Unterstufe unterrichtet hatte und jetzt Abendkurse belegte, um auch die höheren Klassen malträtieren zu können. Da legte ich mich zum ersten Mal mit einer Lehrerin an – zu krass erschienen mir die Diskrepanz zu vorher, ihre Herangehensweise und die dämlichen Schablonenaufgaben. Bücher mussten jetzt nicht mehr ganz gelesen werden, ausgewählte Kapitel genügten. Wie kann man ein Buch nur auszugsweise lesen, wie soll man da etwas verstehen? Oder ging es allein darum, die Lehrbuchfragen am Ende richtig zu beantworten? Das ärgerte mich, und ich hielt damit auch nicht hinterm Berg. Ich langweilte mich einfach, konnte aber mit meinen dreizehn Jahren noch keine schlagenden Gegenargumente ins Feld führen, sodass meine Unzufriedenheit sich im Hickhack mit der neuen Lehrerin erschöpfte. Allen anderen war das herzlich egal, all den Musterschülern, die den Schulstoff »gut« bis »sehr gut« beherrschten und mit sauberer Handschrift ihre sauber geführten Hefte füllten. Und denjenigen, die das Prinzip »bloß nicht drankommen« verfolgten, lag mein Problem erst recht fern, zumal sie es gar nicht als Problem erkannten. Dagegen wurde ich für meine ewig unbequemen Fragen regelmäßig vor die Tür geschickt und verbrachte die Hälfte der Literatur- und Geschichtsstunden auf dem Gang.

Geschichte hatte sich zu meinem zweiten Lieblingsfach entwickelt. Unsere Historikerin war weitaus intelligenter als die Russisch-Hysterikerin, aber auch sie konnte es nicht leiden, ständig mit für mein Verständnis existenziellen Fragen angegangen zu werden, vorgetragen mit jugendlich-maximalistischem Ungestüm, bar jeder Toleranz – sie stellte mich ebenfalls vor die Tür. Aus dem Flurfenster vor dem Russischraum war der Haupteingang zu sehen, wo immer jemand herumlief, da wurde es nie langweilig. Vom Geschichtsflur aus hatte man einen guten Überblick über den Sportplatz, wo oft Kinder in bunten Leibchen ihre Runden drehten und die vom Sportunterricht Befreiten, zur Anwesenheit Verdammten im einheitlich braunen Drillichzeug der Schüler aus dem Sklavenland die Bank drückten.

Aber ich will beiden Lehrerinnen nicht unrecht tun – sie haben nicht an meinen Zensuren gedreht, obwohl ich annehme, dass sie noch heute bei meinem Namen Schweißausbrüche bekommen.

Als Kind war ich mit Mischa befreundet. Als Kind hatte ich überhaupt viele Freunde, aber mit Mischa war ich schon in derselben Kindergartengruppe, wobei das eigentlich für meine ganze Klasse gilt. Jedenfalls war Mischa mein bester Freund. Wir saßen anfangs auch in einer Bank, aber dann stellte sich schnell heraus, dass er ein Chaot war, der über »ausreichend« nicht hinauskommen würde, und man trennte uns rasch, wahrscheinlich, damit er mich nicht verdarb. Mich setzten sie neben ein Mädchen, eine Gute mit Aussicht auf »sehr gut«. Aber als sie in der fünften Klasse wieder von mir weggesetzt wurde, war sie plötzlich nur noch eine Gute mit Aussicht auf »befriedigend«. Ich bekam eine neue Banknachbarin, im Jahr darauf durften wir gemeinsam als Erste zu den Pionieren, weil sie die Zweitbeste in unserer Klasse war. Später setzte unsere Klassenlehrerin, der schon Böses schwante, sie von mir weg, und sie brachte die Schule mit Ach und Krach »befriedigend« zu Ende. Meine Nachbarschaft verhalf noch einigen Mitschülern zu ähnlichen Höhen- und Sturzflügen, bis ich in der neunten Klasse mit Drakon zusammengesetzt wurde. Da er schon immer zuverlässig zwischen »ausreichend« und »befriedigend« navigierte, sich nur mühsam an den Silben entlanghangelte, noch schlechter schrieb und sich nicht zu geistigen Höhenflügen aufraffen wollte, die ihm ohnehin niemand abgenommen hätte, schlug sich unsere Nachbarschaft in keiner Weise auf seine Zensuren nieder. Drakon bestand aus etwa einhundert Kilogramm Muskelmasse, hatte den Großteil seiner Schulzeit in Trainingslagern, Wettkämpfen und Meisterschaften zugebracht und mit sechzehn Jahren gewonnen, was es zu gewinnen gab, sodass wir ihn in den höheren Klassen dann regelmäßiger zu Gesicht bekamen. Er bekam also den Platz neben mir und wurde für unterlassene Schwänzereien und wortloses Geblinzel anstelle einer Antwort mit »befriedigend« belohnt.

Aber ich wollte von Mischa schreiben. Eigentlich schreibe ich weiter über mich, aber in diesem Absatz auf dem Umweg über Mischa. Er war in der ersten Klasse von mir zu einem schlichten Mädchen umgesetzt worden, mit dem er sich einmütig »ausreichend«, »befriedigend« und höchst selten auch mal ein »gut« teilte, und saß bis zum Schulabschluss in der neunten Klasse neben ihr. Zum Ende der Grundschulzeit war klar, wer welche Art Schüler werden würde beziehungsweise schon geworden war. Aber im Schutzraum unter den Fittichen eines einzigen Klassenlehrers klaffen Zensuren und Wissensstand der einzelnen Schüler in den ersten vier Jahren noch nicht so offenkundig auseinander, gestaltet sich das Bild noch eher einheitlich, mit Ausreißern nach unten nur in besonders schweren Fällen. Die gesamte Grundschulzeit habe ich mich bemüht, wie alle anderen zu sein, und im Grunde ist es mir auch gelungen. Ich gehörte zwar zu den Klassenbesten, aber das hob mich nicht heraus und störte auch niemanden. Die Probleme fingen erst an, als wir die kleine Welt unseres Klassenzimmers gegen die Fachräume in der gesamten Schule eintauschten und unterschiedliche Lehrer bekamen. Da zeigte sich mit einem Mal, dass wir mehrheitlich Mittelmaß waren, eine Handvoll gute Schüler, vielmehr Schülerinnen, reichlich »ausreichend«, dafür erschreckend wenig sehr Gute, darunter ich. Nicht dass ich besonders scharf auf gute Zensuren gewesen wäre, ich habe mich nie besonders angestrengt oder gebüffelt, ich wollte einfach lernen, war es gewohnt, meine Sache gut zu ma-

chen, und kam deshalb ganz gut durch. Unsere Klassenlehrerin in der Vierten, eine gestandene Mathelehrerin,
hatte offenbar einen Narren an mir gefressen und sah
einen neuen Euler in mir. Bald glaubte die ganze Klasse,
ich wäre ihr Lieblingsschüler und bekäme deshalb nur
»sehr gut« und Auszeichnungen von ihr geschenkt, während alle anderen leer ausgingen – mit Vorliebe packte
sie die Jungs im Genick bei den Haaren und schleppte
sie so, in verschiedenen Tonlagen »fauler Strick« mur-
melnd, durch die Klasse. Es musste zum Konflikt kommen, auch wenn ich davon nichts ahnte. Er brach offen
aus, als ich mich zum Schuljahresende mit Mischa prügelte. Er war etwas kleiner als ich, aber von Natur aus
stämmig und stiernackig, während mich dieselbe Natur
aus einer Laune heraus ziemlich schmal und damals
noch nicht übermäßig lang belassen hatte. Wir waren
zu der Zeit keine dicken Freunde mehr, aber auch nicht
verfeindet. Der Streit auf dem Gang in der Pause dreh-
te sich um irgendeine Nichtigkeit. Mischa hatte mich
nicht einmal geschlagen, nur kräftig geschubst, dass ich
gegen den Heizkörper flog, aber ich heulte nicht, obwohl
es wehtat. Das Problem war nur, dass unsere Klassenlehrerin die Sache mitbekam und natürlich in Mischa
den Schuldigen sah. Er war damals schon stillschwei-
gend als Boss der Klasse akzeptiert und wurde von allen
nur respektvoll Micha genannt, deshalb schlug sich, als
seine Mutter und er tags darauf vom Direktor einbestellt

wurden, sofort die gesamte Klasse auf seine Seite und stempelte mich zum Verräter. Kurz darauf ging es los. Es war die Hölle. Binnen eines halben Jahres wurde ich zum Paria, der letzte Mensch in der Klasse. Solange der Lehrer hinsah, war scheinbar alles ruhig, bis auf die eine oder andere schnelle Ohrfeige, wenn er sich abwandte, aber was sich in den Pausen und nach dem Unterricht abspielte, will ich mir nicht mehr ins Gedächtnis rufen. Weniger die körperliche Gewalt oder die Beleidigungen, schlimmer war der tägliche Psychokrieg, aktiv betrieben von den einen, mitgetragen vom Rest. Nicht dass sie mich der Reihe nach vermöbelt hätten, aber viele wollten mir einfach eins auswischen, und wann immer ich mich prügelte, und selbst wenn ich einmal gewann, was bei meiner Statur ohnehin kaum vorkam, stand die Klasse immer aufseiten meines Gegners, und es wurde nur noch schlimmer. Ich versteckte mich, lief weg, verteidigte mich nach Kräften, ohne je zu klagen oder um Gnade zu bitten. Die größte Herausforderung war, die Pausen zu überstehen und mich nach Schulschluss unbemerkt aus dem Staub zu machen. In jeder Kindergruppe gibt es den Ausgestoßenen, den Unberührbaren, das Objekt allgemeinen Gelächters und ständiger Erniedrigung, den alle und jeder in der Klasse zur Schnecke machen oder eben einige, während die anderen zusehen. Das ist kaum zu ertragen und nicht zu ändern, schlimmer als das Kastenwesen in Indien. Man kann nur die Schule wechseln oder jemanden umbringen, wobei Letzteres wahrscheinlich auch nicht helfen würde.

Fast fünf Jahre ging das so, zunächst ganz massiv, dann etwas abgeschwächt und mehr aus Gewohnheit, aber dennoch. Im Klassenzimmer, im Gang, in der Umkleide, in der Sporthalle, in der Kantine, auf der Toilette, im Park hinter der Schule, überall. Fünf Jahre Hölle. Meiner Mutter habe ich kein Wort davon gesagt, aber sie hat es auch so gemerkt und mir mehrfach, vor allem am Anfang, vorgeschlagen, die Schule zu wechseln. Dann hätte ich jeden Morgen in eine Nachbarsiedlung fahren müssen, und ich hätte meine Niederlage eingeräumt. Aber das war nicht einmal entscheidend, ich wollte eben genau hier sein, mit allen anderen, wie alle, trotz aller Erniedrigungen wollte ich dazugehören. Aber irgendwie funktionierte das einfach nicht. Ich war immer noch der Klassenbeste, ein heller Kopf mit Elefantengedächtnis, dabei stellten mich die Lehrer nach wie vor für meine Widerworte auf den Gang, und die Klasse behandelte mich wie den letzten Dreck. Ich habe es versucht, habe mitgeraucht, mit um Geld gespielt, aber ich konnte nie einer von ihnen werden, blieb immer außen vor und eine Stufe darunter. Neue Schüler kamen in unsere Klasse, machten die schwierige Fremdkörperphase durch, das ging mal schneller, mal langsamer, jeder mit seinen Erniedrigungen, seinen blauen Flecken, aber niemand wurde in der Klasse bis zum letzten Platz durchgereicht, weil dieser Platz schon vergeben war. Vergeben an mich. Aus heutiger Sicht hätte ich kluge Ratschläge für den Jungen von damals parat: unerbittlicher kämpfen bis zuletzt und nicht zurückstecken, trotz allem die Schule wechseln oder in irgendeiner Sache cooler sein als der Rest, um sich Respekt zu verschaffen – schulische Leistungen zählen da freilich nicht. All dies aus heutiger Sicht. Aber damals wie heute hat ein elfjähriges Kind keine Chance, so eine Situation zu drehen. Der einzige Weg zur Akzeptanz ist ein gezielter Notenabsturz, nicht mehr auffallen, sich dauerhaft wegducken, um womöglich irgendwann als einer von vielen Gefolgsleuten der Anführer geduldet zu werden. Aber das wollte ich nicht, ich wollte dazugehören, ohne mich selbst zu verleugnen, doch das schien nicht zu gehen. Also blieb mir nichts übrig, als einzustecken und durchzuhalten. Ob ich deshalb so ein verschlossener Starrkopf geworden bin? Schon möglich. Aber das wird auch noch andere Gründe haben, dafür ist mir in jenen Jahren noch zu viel anderes widerfahren, Gutes wie Schlechtes. Irgendwann geht alles zu Ende, so war auch der Psychokrieg eines Tages vorbei, alle waren älter geworden, neu zusammengemischt, und in der neunten Klasse ließen sie mich in Ruhe, später war ich mit einigen wieder befreundet, darunter sogar Feinde von einst. Viele der Befriedigenden und Guten wechselten nach und nach auf die Fachschulen, übrig blieben die Sehr Guten und die Ausreichenden, Erstere bis zur

Hochschule, Letztere bis zur Einberufung. Wir wurden mit den Parallelklassen zusammengelegt, und ein neues Leben brach an …

Wir fanden uns zu einer kleinen Clique zusammen, die letzten beiden Schuljahre verflogen wie in einem schönen Traum, wahrscheinlich war das der Ausgleich für die fünf Jahre in der Hölle. Meine Leistungen wurden nicht schwächer, aber ich ging jetzt eher zum Vergnügen in die Schule. Obwohl ich immer noch einer der besten Schüler war, vielmehr *der* beste (neben ein paar besten Schülerinnen), stand ein paar Mal »gut« in meinem Zeugnis. Mir wurde empfohlen, in den zweiten Versuch zu gehen, um doch noch eine Medaille zu bekommen. Aber ich lehnte ab, weil ich damals nicht einsah, was sie mir bringen sollte, und das sehe ich eigentlich bis heute nicht ein. Als unser letzter Schultag eingeläutet werden sollte, trug ich eine neue Erstklässlerin auf der Schulter (mit siebzehn Jahren hatte ich deutlich an Länge und Breite zugelegt), sie hielt die altbekannte Glocke mit der Klöppelmutter in der Hand. Ich hatte der Kleinen rechtzeitig erklärt, dass sie die Glocke nach unten halten solle, sodass sie diesmal wesentlich fröhlicher läutete.

Auf das letzte Läuten folgte das Examen, die Abschlussprüfungen, fünf an der Zahl, die ich natürlich allesamt mit »sehr gut« bestehen wollte. Ganz zuletzt kam die wenn auch nicht heiß geliebte, so mir doch immer treu ergebene Mathematik an die Reihe. Nach zwanzig

Minuten hatte ich die ersten vier Aufgaben gelöst und brütete dann eine halbe Stunde über der letzten, in der es um irgendwelche Dreiecke ging, ehe mir schwante, dass ich sie nicht lösen und mir dieser eine Punkt fehlen würde. Ich bekam Schweißausbrüche und massierte mir die Schläfen, aber das half auch diesmal nicht. Eine Viertelstunde vor dem Ende der Prüfung war zu erkennen, dass alle über diese Dreiecke stolperten, auch die beiden anderen Sehr Guten, und dass niemand die vollen fünf Punkte holen würde. Meine erste Klassenlehrerin war damals schon pensioniert, man hatte uns nach zahllosen Lehrerwechseln für das Abschlussjahr eine neue Mathelehrerin vorgesetzt. Als die nun die Tragödie sah, die sich in der letzten, in ihrer, Prüfung abzeichnete, bestellte sie uns drei, die wir vorher immer fünf Punkte geschrieben hatten, nacheinander vor die Tür und gab uns wortlos die Lösung der letzten Aufgabe vor. Ich konnte erst gar nicht begreifen, weshalb mich jemand aus der Prüfungskommission nach draußen rief, ich war ganz aufgebracht, dass ich an den Dreiecken scheitern sollte, die Zeit lief davon, ich haderte und wollte weiter über der Aufgabe schwitzen, ging aber schließlich doch, da die Obrigkeit rief. Kaum hatte ich die Lösung gesehen und verstanden, kehrte ich, ganz in Gedanken, an meinen Platz zurück. Ich trug ein weißes Hemd, auch alle anderen waren weiß und festlich gekleidet, aber auf einmal kam mir alles so verlogen und schmutzig vor.

Ich setzte mich an meinen Platz und überlegte kurz, die Aufgabe offen zu lassen oder noch besser, anstelle der Lösung etwas Markiges hinzuschreiben, eine letzte Botschaft an die Lehrer gewissermaßen. Aber ich war zu feige. Ich wollte fünfmal den glatten Fünfer in meinem Prüfungszeugnis stehen haben, ich wollte Erster sein, zu den Besten gehören. Um jeden Preis. Und ich trug die richtige, vorgesagte Lösung ein. Und ich bekam meinen Fünfer, den fünften, letzten. Aber ich konnte mich nicht über ihn freuen. Ich kann es bis heute nicht. Ich hatte die Chance auf einen ehrlichen Vierer vertan und ihn gegen den falschen Fünfer eingetauscht.

Beim Abschlussball applaudierten alle zufrieden, auch ich. Als Jahrgangsbester bekam ich meine Urkunde als Erster, sie sagten sogar etwas von wegen »groß gewachsen, Großes geleistet«, aber ich fühlte mich schäbig.

Nach der Schule ergatterte ich einen der staatlich geförderten Studienplätze an einer renommierten Fakultät, auf eigene Faust. Dort ging ohne Vitamin B eigentlich gar nichts, und als Normalsterblicher vom Lande hatte man schlechte Karten, aber ich kam rein, als Letzter auf der Liste unter lauter Goldmedaillenträgern kam ich rein. Meine Verwandten hatten mir vorher zugeredet, in eine andere Stadt zu ziehen, wo ich an einer anderen Hochschule, an die ich nicht wollte, meinen Studienplatz in einer Fachrichtung, die mich nicht interessierte, unter Garantie bekommen hätte – ich hatte mich geweigert. Ich wollte nur dorthin, wo ich hinwollte, gegen den Willen meiner Eltern, praktisch ohne Aussicht auf Erfolg. Ich ließ mir nicht reinreden, tat, was ich wollte, und erreichte mein Ziel. Nach dem ersten Semester und den ersten Prüfungen war ich allerdings schwer enttäuscht von unserer Alma Mater, in der die Studenten ihr Studium vortäuschten und die Dozenten ihre Lehre. Der Eifer war dahin, die Zensuren gingen in den Keller, ich wurde ein Schwänzer und disziplinloser Geselle und verbrachte in den Wänden der Hochschule fünf wunderbare Jahre meines Lebens, aber das ist eine ganz andere Geschichte.

In der Schule war ich dennoch nicht umsonst, sie hat mich trotz allem etwas gelehrt – nicht die Berechnung von Dreiecken, die war für die Katz, ich habe in der Schule gelernt, niemals aufzugeben und mir treu zu bleiben. Nicht aufgeben und sich treu bleiben. Nicht aufgeben. Sich stets treu bleiben. Und: nicht unbedingt versuchen, wie die anderen zu sein.

Letzter Wille

Alle müssen sterben. Ausnahmslos alle, auch ich. Alle wollen möglichst lange leben, und auch hier bin ich zum Glück keine Ausnahme. Nein, das Ende hinausdehnen will ich nicht, keine Lust, hundert zu werden und die letzten fünfundzwanzig Jahre meinen klapprigen Körper mit Doping und Medizin in Gang zu halten. Ich würde gerne lange jung bleiben, alles machen können, das Leben genießen oder anderen Genuss schenken, laufen oder noch besser rennen, nachts schlafen oder auch nicht, aber entscheiden müsste ich das, nicht mein Körper in Absprache mit meinem Arzt.

So ein Leben hätte ich gern möglichst lange. Aber das geht eben nicht. Alle müssen sterben. Wir alle werden nach dem Tod zu einem Stück faulendem Fleisch ein paar Meter unter der Erde. Die Würmer fressen uns, die Verwandten besuchen pflichtschuldig unser Grab, machen ein trauriges Gesicht, stehen in gebührendem Abstand vor dem Kreuz oder Stein und betrachten unser Foto-Porträt – dabei vergessen sie, dass das Kreuz zu Füßen des Verstorbenen aufgestellt wird, sodass die ganze Trauerclique einträchtig auf dem Kopf des Toten steht, während sie gerührt sein Porträt auf Granit betrachtet. Dann werden Imbiss und Getränke rausgeholt, jeder kriegt was, auch der Tote, von dem die Zeit nicht mehr viel übrig gelassen hat, während die Blumen blühen, was das Zeug hält.

Ich will nicht, dass man mir auf dem Kopf rumtrampelt, auch nach meinem Tod nicht, will nicht, dass meine Nachkommen mich als Bild auf einem Granitblock in Erinnerung behalten, dass auf meinem Grab Totenfeiern abgehalten werden, ich will überhaupt kein Aufsehen, nicht jetzt und noch weniger nach meinem Tod. Ich will kein Grab.

Als Kind, mit vier Jahren, war ich auf der Beerdigung meines Opas. Meistens behalten Kinder in dem Alter wenig in Erinnerung, nur ein paar besonders überwältigende Ereignisse bleiben haften. Aber an diese Beerdigung erinnere ich mich. Ich weiß nicht mehr viel. Aber das Wichtigste weiß ich noch: wie ich am Rand des Grabes auf dem Erdhaufen stehe, zusammen mit den anderen Verwandten. Und dann, nach dem Begräbnis, war es eine regelrechte Offenbarung für mich, als sie sagten, sie würden Opa nicht wieder ausgraben, er wäre tot, und das für immer. Die ganze Kindheit hindurch verfolgte mich ein Albtraum: Nachts und abends sah ich ein schwarzes Grab im Längsschnitt vor mir, in das ein Körper im weißen Totenhemd hinabgesenkt wurde. Es war Opas Leiche, aber ich ahnte und begann zu verstehen, dass das früher oder später ich sein würde. Nehmt eure Kinder nie auf Beerdigungen mit!

Als Kind hatte ich Angst, dass ich sterben würde. Heute habe ich keine Angst – heute weiß ich, dass ich sterben werde. Als Kind hatte ich Angst vor dem schwarzen Grab, heute weigere ich mich einfach, mich da reinzulegen.

Alle müssen sterben. Jeder auf seine Art. Der eine ruhig und leise, so wie man die Zimmertür zumacht, wenn die Kinder gerade eingeschlafen sind. Der andere schreiend und qualvoll wie bei der Geburt. Ich weiß nicht, wie es bei mir sein wird, aber auf keinen Fall möchte ich als uralter Greis im Bett sterben, umringt von einer verstohlen gähnenden Sippe.

Auf die Frage, wie er sterben will, hat jemand mal geantwortet: »Mit Hurragebrüll, MP im Anschlag und den Mund voller Blut.« Klar, so hätte ich es auch gern – ein schöner, ein männlicher Tod. Aber daraus wird nichts. Schön sterben nur die Helden in Filmen und Büchern. Im Leben pissen die Leute sich in die Hose, brüllen vor Schmerzen und denken an ihre Mutter.

Ich will kein Grab. Ich will verbrannt werden. Nein, nicht auf dem Scheiterhaufen der Inquisition, bloß in einem normalen Krematorium. Man soll mich verbrennen und die Asche ins Meer streuen. Am liebsten ins Schwarze

Meer, am liebsten im Sommer, wenn die Sonne scheint und eine frische Brise weht. Aber im Herbst, bei Regen geht auch. Man kann ja nicht bis zum Sommer warten, wenn ich im November abkratze! Dann fragen womöglich irgendwelche Gäste: »Was habt ihr denn da in der Dose?« »Da ist Opa drin, er wartet auf den Sommer.« Die Dose kommt übrigens bitte auch ins Meer, sonst wird sie noch zum Fetisch. Dasselbe Zimmer, ein Jahr später, andere Gäste: »Was habt ihr denn da für eine Dose?« »Da war Opa drin«, die Hinterbliebenen feierlich im Stehen. Okay, dann hängt auch gleich im ganzen Haus meine Socken und Unterhosen auf: die Lieblingssachen und die vom Todestag.

Ich will verbrannt werden. Zu Asche. Und die Asche soll verstreut werden. Überm Meer. Am besten im Sommer, das heißt, wenn ich im Sommer sterbe. Nur bitte von der Leeseite ausstreuen, damit die Asche ins Meer getragen wird und nicht übers Deck wirbelt, damit also der schnoddrige Enkel, der die Frechheit vom Opa geerbt hat, nicht die Chance bekommt, zum Ausstreuen meiner sterblichen Überreste den Kommentar abzugeben: »Typisch – mit dem Alten gab's ja immer Scherereien.«

Ja, eine Brise soll wehen und die Asche ins Meer tragen. Wenn es regnet, macht das auch nichts, dann heißt es: »Aha, es regnet, also beerdigen wir einen guten Menschen.« Falsch, nicht beerdigen – verstreuen, Leute!

Und wenn es regnet und ein bisschen Asche in der Urne kleben bleibt, macht das auch nichts. Zwar sagt derselbe flapsige Enkel, wenn er in die Urne guckt und das bisschen angeklebte Asche sieht: »Tja, Opa klammert sich eben immer noch ans Leben.« Aber egal – werft auch sie ins Meer. Damit sie nicht übrig bleibt. Damit nichts übrig bleibt. Nur die Erinnerung. Und die Sachen, die man gemacht hat. Und die Freunde. Und ihr. Dann bin ich immer bei euch.

Meine Oma

Ich hatte eine Oma und konnte sie nicht leiden. So was kommt vor.

Es kommt auch vor, du wirst als Frau geboren, wohnst in einem kleinen Dorf, arbeitest das ganze Leben und bringst vier Kinder auf die Welt, von denen nur eins überlebt. Dein Mann verlässt dich irgendwann wegen einer anderen, und du bleibst allein. Zwar erst mal nicht ganz allein, du hast ja noch das Kind. Das Kind wird aber groß, geht fort, um zu studieren, dann in die Armee, dann heiratet es und zieht für immer weit, weit weg. Und dann bist du ganz allein. Ich kann mir nicht vorstellen, wie das ist, und ich will es mir gar nicht vorstellen.

Der Sohn kommt selten zu Besuch, bringt mal den Enkel, mal die Enkelin mit. Sie bleiben nicht lang und nicht gern. Dann bist du schon über siebzig, der Sohn kommt ein letztes Mal, ihr verkauft das alte Holzhaus und du ziehst zu ihm, weit, weit weg, in ein Haus aus Stein. Außer dem Sohn wohnen darin der Enkel und die Enkelin und die Frau des Sohnes. Keiner freut sich, dass du da bist. Aber es klagt auch keiner. Sie ertragen es, denn das heißt »die Eltern hüten«. Du hast ein eigenes Zimmer, frisch renoviert. Die Sachen darin sind die alten aus dem Holzhaus. Bald schon setzt sich ihr Geruch im Raum fest und es müffelt nach »alter Frau«. Die Rente bekommst du pünktlich ausbezahlt, du kannst damit machen, was du willst, niemand fragt danach oder nimmt sie dir gar weg. Gewöhnlich machst du ein paar Einkäufe, manchmal gibst du einen Teil der Frau deines Sohnes – in allen Familien ist das Geld knapp, da ist diese keine Ausnahme. Der Rest kommt aufs Sparbuch, wie sich's gehört. Du machst das so, und die Familie, in der du wohnst, macht das so. Da liegt es sicher, da liegt es gut.

Sie bringen dir jeden Tag die Zeitung, die kannst du lesen. Manchmal holen sie dich zum Fernsehen ins Wohnzimmer. Gegessen wird immer gemeinsam. Samstags ist Badetag und »Gibt's was zu waschen?«. Abends kniest du in deinem alten Nachthemd vorm Bett und betest. Da steht auch gleich ein Einmachglas, damit du nachts, wenn's dunkel und kalt ist, nicht zum Wasserlassen übern Hof musst. Ab und zu schreibst du einen Brief an andere Omas, die genauso alt sind wie du, nur weit, weit weg. Manchmal kommt eine Antwort. Mit den Jahren werden es immer weniger Briefe, die du schickst und bekommst.

All diese Beschäftigungen brauchen nur wenig Zeit. Den Rest des Tages sitzt du am Fenster und schaust raus. Du kannst alles sehen: Wer kommt, wer geht, wer zum Tor hereintritt, wer zum Tor hinaustritt, wer vorbeigeht und wer vorbeifährt. Die Straße ist zwar weniger gut zu sehen, das Tor aber besser. Dafür ist das Fenster groß und hat Vorhänge, hinter denen du dich verstecken kannst, damit sie nicht sehen, wie du alle und jeden beobachtest.

So geht das zwölf Jahre … Zwölf Jahre lebten meine Oma und ich unter einem Dach. Was wusste ich von ihr? Nichts. Was wusste sie von mir? Noch weniger. Haben wir miteinander gesprochen? Ja. Worüber? Über nichts. Manchmal zwang sie mir ihre Alte-Leute-Leier auf, mit der ich nichts anfangen konnte. Ich versuchte, solche Gespräche zu vermeiden, oder ging einfach weg. Sie war nicht besonders intelligent, irgendwie abstoßend, dicklich und alt. Ich konnte sie nicht leiden. Konnte sie mich leiden? Ich weiß es nicht. Ich dachte damals nicht darüber nach. Ich war jung, schlaksig, mehr oder weniger wohlerzogen und hatte das eine oder andere schon gelernt. Deshalb wollte ich sie nicht beleidigen, sondern ertrug sie. Und machte mich ein wenig lustig über sie. In dieser Familie machten sich alle über sie lustig oder zogen – mal mit Grund, mal ohne – über sie her. Sie litt nicht groß darunter. Aber glücklich war sie auch nicht gerade.

Die Enkelin heiratete, zog aus, bekam bald ein Kind - einen Urenkel. Sie und ihr Mann wohnten nicht weit weg, sie kamen oft zu Besuch, das Baby im Kinderwagen. Das Baby war noch klein und schlief fast die ganze Zeit. Trotzdem schleppte die Oma immer einen Hocker aus ihrem Zimmer an und setzte sich neben den Kinderwagen. Das hieß dann »Kindchen hüten«. Als es größer wurde, kümmerte sich die Frau des Sohnes um das Kind. Deshalb und weil sich ihr Status ja wirklich geändert hatte, sagte die Familie jetzt scherzhaft auch zu ihr Oma. Der alten Oma überließ man das Kind und auch sonstige Aufgaben im Haus lieber nicht, damit sie nichts falsch machte und sich die Frau des Sohnes nicht über sie ärgerte. Trotzdem schaffte sie es immer wieder, im Haushalt etwas zu tun, und immer verkehrt, worüber sich die Frau des Sohnes natürlich ärgerte.

Jeden Abend spielte sich in der Küche haargenau das gleiche Ritual ab:

»Ljusa, ruh dich aus! Ich spül das Geschirr.«

»Ach, das bisschen Geschirr. Das spül ich schnell selbst.«

So ging das jeden Abend, jeden Tag und überhaupt. Statt Großmut und Respekt schweigsames Ertragen und Erdulden. Die Oma beschwerte sich nicht. Sie hatte ihre Kindheit und ihr ganzes Leben im Dorf verbracht, las nur mit Mühe, war eine einfache Frau und nicht sonderlich intelligent, jetzt war sie dicklich und alt. Außerdem hörte

sie immer schlechter. Ansonsten ging es ihr gesundheit-
lich ganz gut, sie war eigentlich nie krank, dennoch klagte
sie öfter über Unwohlsein, vor allem das Herz, was jedoch
niemanden sonderlich beunruhigte.

Dann starb eines schönen Sommertags ihr Sohn und
sie saß im Hof des steinernen Hauses auf einer Bank
und weinte sich die Augen aus. Dabei schlug sie mit den
Händen immer wieder auf die Knie. Am Abend kamen
die Leute, ihr Beileid zu bekunden. Es waren viele Leute
und sie sprachen der versammelten Familie ihr Beileid aus.
So auch der Oma, der es guttat, dass man ihr Beachtung
schenkte.

Das Leben ging weiter, es war nicht zu Ende. Das
Leben bleibt ja nie stehen, nur weil sich jemand daraus
verabschiedet. Die Oma vergaß immer mehr. Erst
Namen und Daten, dann den Teekessel auf dem Herd,
den geöffneten Wasserhahn und das aufgedrehte Gas.
Sie war nicht öfter krank, fühlte sich aber zunehmend
schlechter, alterte noch mehr und machte noch mehr
Probleme. Der Enkel wohnte längst in der Stadt, der
Urenkel wuchs heran, ging zur Schule und interessierte
sich noch weniger als alle anderen für die Oma. Sie
lebte allein beziehungsweise zusammen mit der Frau
des Sohnes und war schon weit über achtzig. Die Frau
des Sohnes wurde auch immer älter und kränker und es
fiel ihr immer schwerer, sich um jemanden zu kümmern,

den sie nicht brauchte und nicht mochte. Das ging noch ein paar Jahre so weiter, zum Schluss sagte sie immer wieder: »Was hab ich mit ihr noch zu schaffen ... Ich kann mich nicht mehr um sie kümmern ... Dort wär sie besser aufgehoben ... Ich kenn eine, die dort arbeitet, sie haben es gut da ...«

Kein Familienrat tagte, keine Abstimmung fand statt, es herrschte stillschweigendes Einverständnis. Eines Tages wurde die Oma mit ihren Sachen ins Auto gepackt und ins Altersheim gebracht. Ihr wurde gesagt, es ginge zur Untersuchung ins Krankenhaus, worüber sie sich freute, sie bekam zu diesem Zeitpunkt kaum noch etwas mit. Wir meldeten sie um, sodass ihre Rente ins Altersheim ging, gaben alle ihre Dokumente ab und hatten von da an keine Oma mehr.

Ich wohnte in derselben Stadt, in der das Altersheim war, gründete eine Familie und bekam Kinder. An meine Oma dachte ich so gut wie nie, erkundigte mich nicht nach ihr und wollte sie nicht sehen. Es war mir peinlich und unangenehm. Ich konnte sie nicht leiden, sie war alt, irgendwie abstoßend, dicklich und nicht besonders intelligent. Ich versuchte, nicht an sie zu denken, im Grunde vergaß ich sie. Meine Mutter besuchte sie anfangs noch ab und zu, später aber nicht mehr. Sie war auch schon mehr alt als jung und mehr krank als gesund. Über Oma wurde in unserer

Familie nicht mehr gesprochen. Nach ein paar Jahren hieß es, sie sei gestorben. Woher wir das hatten, war nicht so ganz klar. Aber niemand fühlte sich bemüßigt nachzuhaken, und so lebten alle ihr Leben weiter. Es vergingen noch ein paar Jahre, da kam plötzlich ein Anruf aus dem Altersheim: Die Oma sei gestorben, ob die Verwandtschaft sich selbst um die Beerdigung kümmere? Die Verwandtschaft antwortete: Ähm, ja, obwohl … Es hat doch geheißen, dass … Also, egal, wir kommen. Der Enkel und die Enkelin fuhren ins Altersheim, die Oma holen. Als sie die Pflegerinnen bei Tee und Konfekt im Schwesternzimmer antrafen, setzte die Enkelin eine Trauermiene auf, sagte ihren Namen und den Anlass. Der Enkel ging in die Leichenkammer, um die Oma zu identifizieren. Man rollte sie auf einem Wagen heraus, sie lag auf der Seite und sah sehr alt, zusammengekrümmt und vertrocknet aus. Der Enkel erkannte seine Oma nicht, nur ihre Kleidung. Er sagte jedoch nichts, sondern legte mithilfe eines Pflegers ihren Körper schweigend in den Sarg. Ohne zu zögern, nagelten sie den Deckel darauf. Als Leichenwagen diente ein gelber Bus mit schwarzem Streifen. Er brachte die Oma zurück ins Dorf, nach Hause, zum Sohn. Der Enkel hielt den Sarg fest, damit er nicht zu sehr gerüttelt wurde. Der Fahrer hatte es eilig, das Grab wurde schnell zugeschüttet, Leute waren keine da, es war ein nasskalter Novembertag.

Ich habe noch eine andere Oma. Sie wohnt weit, weit weg und ist schon alt. Ich sehe sie sehr selten, trotzdem mag ich sie. Zwar ist sie alt und ein bisschen verrückt, aber auch lustig und gutherzig. Sie ist klein und hager, inzwischen sehr alt, sehr krank und geistig schon ziemlich durcheinander. Sie braucht intensive Betreuung und wohnt bei ihrer Tochter, die meine Tante ist. Die Tante ist auch schon mehr alt als jung und mehr krank als gesund. Sie streiten ständig. Das heißt »die Oma hüten«. Außerdem wohnt bei ihnen noch die Tochter der Tochter der Tochter der Großmutter oder einfacher gesagt die Enkelin beziehungsweise Urenkelin. Also »Kindchen hüten«. So wohnen sie: Alt, ganz Alt und Jung unter einem Dach.

Meinen Opa habe ich nur einmal lebend gesehen. Den anderen Opa habe ich auch nur einmal gesehen, auf einer Fotografie. Ich bin mir aber nicht sicher, ob er das wirklich war. Wie einfach es doch ist, jemanden zu mögen, der weit weg ist. Um wie viel schwerer jemanden, der ganz nah ist. Darüber zu schreiben ist leicht. Und so viel schwerer, etwas zu tun. Jetzt.

Die Makars

Makar lebte auf der anderen Seite des Gartenzauns. Er war mein Nachbar und bester Freund meiner Kindheit, einer von denen, wo man nicht weiß, wie man sie kennengelernt hat – man kannte sie einfach schon immer. Er hieß eigentlich Igor, war ziemlich groß und noch dicker, als er groß war. Schon in der vierten Klasse hatte er Bartstoppeln über der Lippe und spätestens in der siebenten einen richtigen Bart. Makar war vier Jahre älter als ich. Ich habe nie einen großen Bruder gehabt – ich hatte Makar. Er hat mir viel beigebracht. Nützliches war allerdings wenig dabei und noch weniger Gutes. Makar war kein Rowdy und erst recht kein Unruhestifter, er war eher ein Ruhiger, las viel, vor allem historische Sachen, aber in der Schule war er nicht besonders gut. Dumm war er nicht, ziemlich pfiffig, wohl sogar gewieft, dabei aber überhaupt nicht bösartig. So sagt sich das, mit Abstand betrachtet. Aus nächster Nähe betrachtet oder wenigstens über den Gartenzaun, war Makar ein ziemlich guter Freund. Trotz des für Kinder recht großen Altersunterschiedes waren wir eng befreundet, er war mein Beschützer, wenn auch ohne große Autorität. Irgendwann war seine Kindheit vorbei, er musste zur Armee, während meine noch eine Weile weiterging.

Aber solange unsere Kindheit parallel verlief, machten wir viele interessante Sachen: streunten mit den Hunden durch den Wald, spielten Fußball und Schlag den Zeisig, fuhren Rad, gingen zur Bucht baden, bauten Holzgewehre mit Gummis, die selbst gebastelte Krampen schießen konnten, und machten noch eine Menge anderer Sachen, die gewöhnliche Jungs vom Dorf eben so machen. Von ihm lernte ich das Rauchen und später das Kartenspielen, zuerst einfach nur so, dann um Geld. Wir spielten Dreiblatt, Makar am besten von allen, ich verlor immer gegen ihn, und anderen ging es genauso, viel war es aber nicht, was wir verloren – wir hatten ja nicht viel. Makar spielte wirklich gut, er war clever, schummelte geschickt und blieb fast immer im Plus.

Und im Winter spielten Makar und ich sogar Eishockey. Meist spielten wir mit den anderen Jungs Fußball oder kickten uns einfach den Ball zu, auf der Straße oder bei ihm auf dem Hof. Aber im Fernsehen guckten wir außer Fußball auch Eishockey und hatten deshalb Schläger gekauft, für den Fall, dass es auf der Krim mal schneite und der Schnee noch nicht weggetaut war, wenn wir aus der Schule kamen. Die Schläger lagen ein paar Jahre auf dem Dachboden oder in der Rumpelkammer, bis es endlich wirklich mal schneite, wunderschöner Schnee, weiß und leicht. Wir trampelten auf Makars Hof ein kleines Spielfeld fest, stellten zwei Bänke als Tore auf und spielten richtiges Hockey mit Puck, natürlich ohne Schlittschuhe, so eine Art Schlitterhockey. Alles lief wunderbar, immer mal fiel ein Tor, auf dem kleinen Spielfeld herrschte Begeisterung, bis ich einmal zu schwungvoll ausholte und Makar, der hinter mir stand, den Schläger gegen den Kopf knallte. Ich hatte das nicht mal groß mitgekriegt, er aber jaulte laut auf: »Au! Au!«, und rannte, die blutige Hand vor der aufgeplatzten Augenbraue, ins Haus. Ich stand eine Weile allein auf unserem schönen Hockeyfeld rum, betrachtete die kleinen, feinen roten Pünktchen auf dem festgestampften weißen Untergrund und trottete dann mit dem Schläger über der Schulter nach Hause. Wir haben nie wieder Hockey gespielt. Ich habe Makar nicht mal um Entschuldigung gebeten. Und das nicht, weil ich sonderlich unhöflich oder unsensibel gewesen wäre. Entschuldigungen waren damals unter uns Jungs einfach nicht üblich. Wenn man was angestellt hatte, wie ich mit dem Schläger, stand man einfach nur da oder sagte so was wie: »Zeig mal her!« oder: »Ist nicht schlimm.« Und war es wirklich mal schlimm, was man zu sehen bekam, dann: »Damit musst du zum Arzt!«

Zwischen unserem und Makars Hof war ein grober Maschendrahtzaun, über den wir ständig rüberkletterten. Wir hätten natürlich auch durch das Gartentor gehen können, aber über den Zaun war es näher, sowohl räumlich als auch menschlich gesehen. Makar wälzte sich nur im Ausnahmefall über den Zaun, weil der Maschendraht Belastungen von hundert Kilo sehr übel nahm, dafür hüpfte ich, leicht und schmal wie ich war, mehrmals am Tag hin und her. Der Maschendraht war an der Stelle schon ganz verbogen und hing durch, ich wurde ausgeschimpft, mochte aber auf den kurzen Weg zu meinem Freund nicht verzichten. Da Makar nur selten über den Zaun kletterte, kam er, wenn er mich brauchte, einfach nur ran und rief nach mir, und dann standen wir oft lange am Zaun und quatschten. Das heißt, einfach bloß quatschen können Jungs ja meist nicht, in der Regel haben sie irgendwas zu besprechen, wenn auch etwas Kleines, für sie aber ganz Wichtiges, und das zog sich manchmal hin.

Ich werde nie vergessen, wie ich einmal von unserem Gartentor zu Makars Zaun gerannt bin – ich brauchte seinen Rat wegen eines Deals mit Mikromotoren. Das waren so winzige Motoren, die anfielen, wenn alte sowjetische Elektrogeräte ausgeschlachtet wurden, und aus denen geschickte Kinder Mini-Autos bastelten, die mit diesen Motoren fuhren. Batteriebetrieben! Ich hatte damals nur Autos, die handbetrieben fuhren. Und was bedeutete für einen siebenjährigen Dorfjungen damals ein Auto mit Batterien? Das war der allergrößte Traum! Dass es Autos mit Fernsteuerung gab (natürlich über Kabel, nicht mit Funk) und dass man auch von denen träumen konnte, war ja nicht einmal zu ahnen. Deshalb hatten besonders einfallsreiche Kinder ihre selbst gebastelten Autos. Ob nun wirklich selbst oder mit Papas Hilfe gebastelt – das war egal, jedenfalls gab es solche Jungs und solche Autos. Und eines Tages standen also zwei dieser kleinen Glückspilze mit so einem Auto in der Hand vor unserem Gartentor und wollten zu dem noch kleineren, zu mir. Ich hatte nämlich zwei tolle neue Mikromotoren, was sie irgendwie mitbekommen hatten, ich glaube, ich kannte einen der beiden und hatte es ihm selbst erzählt, ausspioniert werden sie es nicht haben. Aber egal, jedenfalls waren sie da und brauchten diese beiden Mikromotoren. Und ich wollte unbedingt so ein Auto mit Batterien haben oder wenigstens ein paar ungarische Plastiksoldaten, Indianer oder wenigstens Cowboys – Piraten hatte ich schon, und von Wikingern zu träumen war sowieso sinnlos, die waren überhaupt nicht zu bekommen. Deshalb antwortete ich auf den Vorschlag der Jungs, ihnen die Mikromotoren einfach so zu überlassen, ich bräuchte Bedenkzeit, ließ sie auf der Bank am Gartentor sitzen und lief zum Zaun, um Makar zu rufen und mich mit ihm zu beraten. Makar als Mensch mit Erfahrung – in der vierten Klasse hat man ja schon fast ein halbes Leben auf dem Buckel – dachte nach und sagte dann, ich solle für die zwei Motoren ein echtes Batterieauto verlangen oder zur Not zwanzig Wikinger. Ich lief zurück zum Gartentor. Die Jungs hörten sich unser Angebot ruhig an und erwiderten, sie hätten nichts, dafür zeigten sie mir, wie ihr selbst gebasteltes Auto fährt. Das, was da über unsere Bank kroch, als Auto zu bezeichnen konnte nur sehr kleinen Jungs einfallen, die über ein gewisses Maß an Fantasie verfügten, und auch nur, wenn sie das Ganze aus einem bestimmten Winkel betrachteten, zum Beispiel von unten, wenn es auf einen zukroch. Aber ich gehörte zu dieser Art von Jungs, und das, was da über die Planke zuckelte, beeindruckte mich zutiefst, sodass ich wieder zum Zaun lief. So rannte ich ungefähr eine Stunde lang hin und her, wobei Makar und ich unsere Forderungen immer weiter herunterschraubten bis auf zehn, also wenigstens zehn Indianer oder halt zwei von diesen selbst gebastelten Gefährten. Makar wollte bei diesem Deal offenkundig im Hintergrund bleiben, aber ich glaube, bei Erfolg rechnete er mit mindestens fünfzig Prozent des Gewinns. Aber die Jungs entgegneten, dass sie, während ich durch die Gegend gelaufen war, keine Soldaten dazubekommen hätten, und meine zwei Mikromotoren gegen zwei fertige Autos einzutauschen, für die die Motoren ja vielleicht das wichtigste, aber nicht das einzige Teil seien, wäre ja nun wirklich nicht von Vorteil. Ob sie meinten, es wäre für mich von Vorteil, ihnen diese Motoren einfach so zu geben, sagten sie nicht, und ich fragte nicht nach. Letztendlich fand der Deal nicht statt, und die Motoren, deren Preis in meinen Augen so rasant gestiegen war, gerieten aus Versehen in den Regen, die Beschichtung platzte ab, die Motoren setzten Rost an und landeten auf dem Müll. Ich bekam dann ein Jahr später zum Geburtstag einen Panzer mit Fernsteuerung, die natürlich mit einem ziemlich kurzen Kabel von einem Meter an ihm befestigt war. Immerhin konnte man den Panzer damit gut wieder rauszerren, wenn er sich irgendwo festgefahren hatte. Nach draußen fuhr er nicht, es war ein Zimmerpanzer.

Makar hatte eine große Familie. Seine Eltern, Onkel Mischa und Tante Katja, waren waschechte Ukrainer, was man ihnen anhörte und auch sonst anmerkte, sie waren irgendwoher vom ukrainischen Festland auf die Krim gezogen. Alle ziemlich dick, vor allem Tante Katja, und richtige Kolchostypen, obwohl Tante Katja ihr ganzes Leben in der Stadt gearbeitet hat, irgendwo in der Schwerindustrie, und trotz ihrer kranken Beine jeden Tag mit dem Bus zur Fabrik fuhr. Onkel Mischa war dick, aber nicht so gleichmäßig voluminös wie seine Frau, er hatte einfach einen dicken Bauch, der beim Laufen schaukelte. Allerdings lief er wenig, weil er als Kipperfahrer arbeitete und mehr durch die Gegend fuhr. Dann hatte Makar noch eine ältere Schwester und einen großen Bruder. Die Schwester hieß Swetka, sie war fünf Jahre älter als Makar, ziemlich dumm und hässlich, das Markanteste an ihrem Äußeren waren die Pickel, die ständig ausgedrückt wurden und wahrscheinlich deshalb immer wiederkamen. Aber Swetka wollte Sängerin werden, sie war ein großer Fan von Sofia Rotaru und wollte dahin, wo man Sängerin wird. Meine Cousinen, die den Sommer bei uns verbrachten, hatten irgendwie von Swetkas Ambitionen erfahren und waren schnell dabei, sich ihr Gesangstalent vorführen zu lassen, damit sie vor der Aufnahmeprüfung ein bisschen üben konnte. Spätabends gab Swetka von ihrer Zaunseite aus ein Konzert, während auf unserer Seite zwei minderjährige Intrigantinnen auf allen vieren im Gebüsch herumkrochen und sich ausschütteten vor Lachen, weil es unmöglich war, Swetka aufrecht stehend beim Singen zuzuhören. So ähnlich sah das dann auch die Aufnahmekommission – dort, wo man Sängerin wird, aber, wie sich herausstellte, nur manche, und Swetka ging dann wie ihre Mutter in der Fabrik arbeiten. Heutzutage werden ja im Fernsehen ständig Idioten ohne Stimme und Gehör gezeigt, die unbedingt in irgendwelchen Talentshows auftreten müssen, aber damals war das etwas ganz Neues.

Makars großer Bruder Walerka war auch eins von den schlichten Gemütern, weder gebildet noch begabt, hatte aber auch keine besonderen Ambitionen. Gleich nach der Armee fing er im Kolchos als Fahrer an wie sein Vater. Dann heiratete er die Dorflehrerin und bekam mit ihr zwei Kinder: ein recht gescheites Mädchen mit einem Muttermal über dem halben Gesicht und einen gewöhnlichen Jungen.

In unserer Familie unterschied sich das Wochenende kaum von den Werktagen, aber bei den Makars war oft ganz schön was los, wenn die ganze Sippe beisammen war. Ich würde nicht sagen, dass unsere Familien besonders engen Kontakt pflegten in der Art, wie das in der Stadt vorkommt – dass man sich gegenseitig besucht oder zusammen wegfährt. Auf dem Dorf leben gute Nachbarn sowieso wie eine Familie, nur dass es einen Zaun gibt und das Geld in verschiedenen Kopfkissen aufbewahrt wird. Das sind keine Nachbarn mehr, das ist schon Verwandtschaft. So war das auch bei uns und den Makars.

Ich kannte Makar mein ganzes Leben. Makar war sein Rufname, abgeleitet vom Familiennamen, und als ich ein bisschen größer war, stellte ich verwundert fest, dass Erwachsene auch Ruf- oder Spitznamen haben. Und dass Makars Vater, Onkel Mischa, von seinen Freunden auch Makar genannt wird, sie haben ja den gleichen Familiennamen, und sowieso sind Erwachsene doch einfach nur groß gewordene Kinder und denken oft wie sie.

Die Makars aßen immer sehr gut. Vielleicht nicht einmal besonders gut, sondern einfach viel. Ja, das trifft es wohl am besten: Sie aßen einfach und viel. Tante Katja kam von der Arbeit immer mit riesigen Einkaufsbeuteln nach Hause: Wenn sie Brot kaufte, dann gleich sechs Stück, wenn Milch, dann ebenso viele große Glasflaschen. Deshalb waren in ihrer Familie alle wohlgenährt, aber am besten im Futter stand natürlich Makar – mein

Makar. Er war größer als sein Vater, größer als sein Bruder und sah mit achtzehn, vor der Armee, schon aus wie fast dreißig.

Als Makar eingezogen wurde, das war 1990, ein Jahr vor dem Zerfall der UdSSR, wurde er aus irgendwelchen Gründen in den Fernen Osten geschickt. Und seine Eltern erfuhren es – dass ihr Sohn ans andere Ende des Landes geschickt wird und dass er zusammen mit anderen Rekruten in einem Zivilflugzeug dorthin fliegt und dass man sich am Flughafen von ihnen verabschieden kann –, all das erfuhren sie erst in letzter Minute. Und weil sie kein Auto hatten, nahmen wir unseres. Tante Katja packte zwei Taschen mit Essen, und mein Vater fuhr mit ihnen und mir zum Flughafen. Aber entweder hatten sie die Zeit verwechselt oder wir waren wegen Tante Katjas Vorbereitungen zu spät dran, jedenfalls erwischten wir Makar und die Rekruten nicht mehr. Ich lief die Treppe hoch in die erste Etage, um meinen Freund von oben in der Menge ausfindig zu machen, sah aber nur Onkel Mischa und Tante Katja, die draußen vor dem Abflugbereich kopflos nach ihrem Sohn suchten. Onkel Mischa mit seinem Bauch und dem watschelnden Gang, resolut zwischen den Passagieren einherschreitend, und Tante Katja mit ihren dicken, geschwollenen Beinen und den beiden Beuteln, in die sie bestimmt zu dem vielen Eingemachten fürsorglich noch Zigaretten und eine Flasche Selbstgebrannten gepackt hatte, verloren umhertippelnd. Aber Makar war nicht zu sehen, er war schon abgeflogen. Wir irrten noch eine Weile ratlos herum, dann fuhren wir nach Hause.

Und dann zerbrach die Sowjetunion und fiel auseinander, und das Leben sehr vieler tat es ihr nach. So gut wie alle hatten zu kämpfen, auch wir und die Makars. Aber sie hatten irgendwie mehr Pech. Swetka war unglücklich verheiratet mit einem Mann aus einer Kleinstadt, der äußerlich ganz normal und im Vergleich zu Swetka sogar hübsch wirkte, aber launisch und nervenkrank war. Ich habe ihn nur ein paar Mal gesehen, einmal stand ich hinter ihm in der Schlange nach Brot und sah lange mit an, wie er ohne erkennbaren Anlass ständig mit dem Kopf und den Schultern zuckte, und es war klar, dass mit ihm etwas nicht stimmt. Dann fing er auch noch an zu trinken und Swetka zu schlagen und aus dem Haus zu jagen. Immer wieder kroch sie mit ihrer kleinen Tochter bei den Eltern unter, mal mit dem Auto voller Sachen, mal ohne alles. So ging das, bis das Kind größer war und schließlich dauerhaft bei Oma Katja wohnte. Das Mädchen war sehr kräftig, sie kam ganz nach den Makars, war aber auch kein bisschen hübsch und nicht sehr klug. Nicht sehr hübsche und nicht sehr kluge Mädchen haben es im Leben besonders schwer. Und wenn Swetka jetzt doch mal wieder bei ihrem Mann aufkreuzte oder sonst wo unterkam, dann allein; ihre Tochter sah sie immer seltener.

Walerka fing an zu trinken. Getrunken wurde überall, bei den Makars wie in anderen Familien auch, aber wenn man keine Arbeit und kein Geld hat, wird es zur Hauptbeschäftigung und ist sehr unschön anzusehen und zu riechen. Seine Frau zog mit den Kindern weg, zuerst in die nächstgelegene Stadt, dann in eine andere, größere und weiter weg gelegene. Auch Walerka zog bald darauf in die Stadt, um wenigstens ein bisschen was zu verdienen, im Dorf gab es schon längst keine Arbeit mehr, aber er blieb nirgendwo lange – gezahlt wurde wenig und trinken musste er mittlerweile viel.

Onkel Mischa trank auch, war aber eher Quartalstrinker, und das heftig. Fünf Jahre später wurde er schwer krank – Zucker, wie es hieß. Zwei Jahre später lag er flach, und noch ein Jahr darauf starb er, leise in seinem Bett am Ofen, um ein Vielfaches geschrumpft.

Makar selbst war aus seiner Einheit abgehauen, als sich das große Land auflöste, hatte noch das eine oder andere mitgehen lassen. Von Chabarowsk nach Hause war er ein paar Monate unterwegs, er verkaufte, was er mitgenommen hatte, oder noch anderes. Zuerst wurde noch nach ihm gesucht, die Suche dann eingestellt, als klar war, dass das jetzt ein anderes Land war, er bekam aber keine Papiere. Als Makar endlich zu Hause ankam, abgemagert, mit fahlem Gesicht und Furunkelnarben an den Armen – das feuchte Klima war ihm nicht bekommen, er faulte dort bei lebendigem Leibe –, erkannte ich ihn kaum wieder. Er war erwachsen geworden und hatte sich stark verändert, nicht nur äußerlich. Ich hatte mich auch verändert, vielleicht nicht so stark, aber trotzdem. Wir begrüßten uns an unserem Zaun, redeten ein bisschen über dies und das und gingen auseinander.

Nachdem sich Makar durch Mamas Kost etwas berappelt hatte, verschwand er. Ging aus dem Haus und kam nicht wieder. Ein Jahr lang gab es kein Lebenszeichen von ihm. Irgendwer hatte ihn flüchtig in der Stadt auf dem Markt gesehen und ihn der Kleidung und dem Umfeld nach gleich als Kriminellen einsortiert. Allerdings war damals jeder, der anders aussah als ein Obdachloser oder ein Landei, in den Augen vieler gleich ein Gangster. Makar hatte nie einen Hang zum Kriminellen, und da ich seine Leidenschaft für Glücksspiel, Geld und Kartentricks kannte, war mir klar, dass er noch am ehesten unter die Spieler gegangen war. Ein Jahr später traf ich ihn dann selbst am Bahnhof. Ich war spät dran zum Zug nach Hause und lief schnell in Richtung Bahnsteig, auch er ging schnell, aber in die Gegenrichtung, wir liefen auf dem kleinen Bahnhofsvorplatz voller Leute aneinander vorbei und erkannten uns nicht gleich. Dann blieben wir gleichzeitig stehen und drehten uns um. Makar ähnelte jetzt schon eher einem Obdachlosen als einem Dörfler, zumindest sah ich als armer Studienanfänger im Vergleich zu ihm aus wie ein Dandy. Offensichtlich hatte sein Leben wieder einmal eine scharfe Wendung genommen, und seinem gebrochenen Blick nach zu urteilen, wollte er nicht unbedingt darüber reden, ich hatte es eilig, und so standen wir nur ein paar Sekunden da, sahen uns aus einer Entfernung von zehn Metern an und gingen dann unserer Wege.

Nach ein paar Jahren kehrte Makar zurück nach Hause, zu seiner Mutter. Im Dorf trank er wie alle und machte Schulden, dann verschwand er immer mal wieder. Wenn er weg war, kamen regelmäßig seine Gläubiger. Tante Katja bezahlte die Schulden, solange es ging, dann weinte sie nur noch. Sie konnte da schon nicht mehr gut laufen, die Fabrik hatte längst dichtgemacht, ihre Rente lächerlich, aber laufen musste sie viel: im Winter in den Wald Reisig holen – Gas hatten sie nicht legen lassen, weil das Geld dafür nicht reichte, Kohle gibt es auch nicht umsonst, und wenn man den Ofen nicht heizt, ist es wirklich kalt. Im Sommer sammelte sie im Wald Hagebutten und Kornelkirschen und dergleichen mehr, grub anderer Leute Gärten um, baute im eigenen etwas an und brachte alles mit dem Zug in die Stadt auf den Markt, und zum Zug war es genauso wie zum Wald ganz schön weit … So verdiente sie ein paar Kopeken und ernährte sich und ihre Enkelin und Makar, wenn er zu Hause war. Und machte noch so einiges mehr. Ihre Beine wollten kaum noch gehorchen, aber sie machte weiter. Von der blühenden, robusten Tante Katja waren nur noch das Kopftuch und die kranken Beine einer Greisin übrig geblieben. Was für Augen sie hatte, weiß ich nicht, ich versuchte, nicht hineinzusehen.

Makar hatte es, als er noch in einem mehr oder weniger passablen Zustand war, ein paar Mal in eine Beziehung geschafft. Es waren natürlich nicht gerade feine Damen, aber gute Saufkumpaninnen. Irgendwas wurde auch von einem verstorbenen Kleinkind geredet, aber das weiß ich nicht so genau. Mit der Zeit gab Makar sich immer mehr dem Alkohol hin und ließ sich gehen. Die Frauen, selbst die miesesten, würdigten ihn keines Blickes mehr. Er versuchte, sich irgendwo was dazuzuverdienen, seine Mutter hatte längst nicht immer Geld, und niemand lieh ihm mehr was. Irgendwann in einer Winternacht, nicht bei uns im Dorf, irgendwo anders, wohl in der Stadt, fror er sich im Suff die Beine ab. Im Krankenhaus wurden sie ihm wegen des beginnenden Wundbrandes bis zu den Knien amputiert. Er wurde lange nicht entlassen, dann konnte ihn lange niemand abholen, dann lag er zu Hause, aber irgendwann kam Makar raus und humpelte auf seinen verheilten Stümpfen die Straße entlang. Eine Invalidenrente konnte er nicht beantragen, weil er immer noch keine Papiere hatte, und eine Zeit lang ließ er sogar das Trinken sein.

Ich war damals zwar nicht oft im Dorf, aber einmal begegneten wir uns. Zu allem Übel hatte ich da schon ein gutes Auto. Damit durchs Dorf zu fahren und die verbitterten Gesichter einiger Leute zu sehen, die dreinschauten, als hätte ich ihnen das Auto geklaut, war alles andere als angenehm, und da traf ich auch noch Makar. Er humpelte schon ziemlich flink die Straße entlang, und ich fuhr ihm entgegen. Ich hielt, er kam ran, das Fenster war offen, Makar stützte sich auf die Tür, und wir begrüßten uns, ich in meinem Auto sitzend und er auf seinen halben Beinen stehend. Unsere Gesichter waren auf einer Höhe. Mich erschütterte das sehr, und ich wusste nicht, was ich sagen sollte. Makar zündete sich eine Zigarette an, sagte etwas Freundliches, und wir schwiegen sofort wieder. Er blinzelte in die Sommersonne, und wir hatten einander nichts zu sagen, wie damals auf dem Bahnhof oder noch früher am Zaun. So standen wir ein bisschen rum, dann fuhr ich weiter, und er ging seines Weges in diesem neuen, schaukelnden, gestutzten Gang.

Aber Makar hatte nicht endgültig aufgehört zu trinken, und als es Winter wurde, schlief er wieder betrunken draußen ein und erfror endgültig. Ich weiß nicht, wie sehr sich Tante Katja grämte, ich war zu der Zeit nicht da, aber ihr Gesicht hatte sich nicht besonders verändert, es war schon seit Langem schrecklich anzusehen, es wurde nur noch schwärzer.

Als die letzte Enkelin groß geworden war, verließ auch sie Tante Katja, kaum dass sie die neunte Klasse abgeschlossen hatte. Walerka und Swetka kamen so gut wie nie vorbei. Es vergingen noch ein paar Jahre, dann starb auch Tante Katja. Die Nachbarin kam angelaufen und sagte, Tante Katja gehe es schlecht. Wir gingen nachsehen und wussten sofort, ihr ging es nicht schlecht – für sie war alles vorbei.

Das Haus der Makars ist jetzt leer und kaputt, der Garten verwildert, die Bäume verdorrt, Wasser und Strom längst abgestellt. Eine Familie hat mal versucht, in dem Haus zu wohnen, aber innen war alles schon so vermodert, dass keine Chance bestand, es wieder herzurichten, Geld war ohnehin keines da, und so sind sie wieder weggezogen. Angeblich will Walerka aus der Stadt zurückkommen, aber ich glaube nicht daran, und mittlerweile ist das Haus unbewohnbar.

Der Zaun ist noch da, auch der heruntergebogene Maschendraht ist noch da, aber da ist niemand mehr, zu dem man rüberklettern könnte.

Eine literarische Autobiografie

Ich wurde an einem Montag, dem Dreizehnten, geboren. Vielleicht verläuft mein Leben deshalb so lustig.

Die Kindheit war, wie Kindheit so ist – eine lichte Zeit. Ich wuchs in einem Dorf in einer Familie auf, die man als einigermaßen bildungsnah bezeichnen kann: die Mutter Erzieherin, der Vater Chauffeur. Wir lebten mehr schlecht als recht, aber an Schlechtes kann ich mich nicht erinnern.

Ich lernte ganz gut, war Klassenbester. Ich las viel. Hausaufgaben erledigte ich, übertrieb es dabei nicht. Jedenfalls hatte ich ein gutes Gedächtnis und war wissbegierig. Ich war ein Außenseiter. Dürr. Wurde häufig verkloppt.

Mit zwölf Jahren bekam ich eine Erkältung. Die schlug sich auf die Gelenke in den Beinen, Polyarthritis. Eine Lähmung trat ein. Nach einem halben Jahr Therapie begann ich wieder zu laufen.

In den oberen Klassen diskutierte ich mit den Lehrern. Manchmal über ein bestimmtes Thema, manchmal einfach, um die zu provozieren, die sich für schlauer als andere hielten, es aber gar nicht waren. Ich schloss mich verschiedenen Cliquen in der Schule an, mischte bei den Rowdys mit, das Leben zeigte sich in neuen Facetten. Ich trieb Sport, obwohl die Ärzte es verboten hatten. Die Medizin hatte mich aufgegeben und ich sie. Ich trainierte, härtete mich ab.

Nach dem Schulabschluss fuhr ich in die Stadt S., um in ein renommiertes staatliches Institut einzutreten.

»Junge, wo kommst du denn her?«

»Aus dem Dorf S...«

»Einen Einserabschluss hast du gemacht?«

»Nein.«

»Einen Zweierabschluss?«

»Nein.«

»Ja, was willst du dann hier?«

»Studieren!«

Ich paukte allein. Kam gerade so durch, mit dem Punkteminimum. Es war der glücklichste Tag meines Lebens. Sechs Monate später die Enttäuschung: Studenten geben vor zu lernen, Lehrer geben vor zu lehren. Mal schwänzte ich, mal studierte ich – Prüfung mit Drei. Trieb mich herum mit Rockern, Musikern. Lustig ging es zu. Arm, aber lustig. So wird es nie wieder sein.

Ich schloss die Hochschule ab, mochte jedoch in meinem Fach (Marketing) nicht arbeiten. Von 9 bis 18 Uhr – das war nichts für mich, abends wäre ich meinen Arbeitskollegen an die Gurgel gesprungen.

Als ich zwanzig war, starb mein Vater (ich kann erst zehn Jahre später darüber sprechen). Das lustige Leben war vorbei. Ich hatte, seit ich dreizehn war, immer gejobbt, jetzt musste ich richtig arbeiten. Ich arbeitete auf dem Markt. Herbalife, ein Jahr lang zog ich den Leuten das Geld aus der Tasche. Mit einem Kumpel gründete ich ein Business. Machte eine Menge Schulden und blieb darauf sitzen, der Kumpel verschwand. Ich habe es überlebt – das war im Jahr 1996.

Ich arbeitete in Computerclubs – erst als Administrator, dann als Manager. Stieg in den Cyber-Sport ein. Vier Jahre war ich Profi-Gamer, beteiligte mich an Meisterschaften, wurde ukrainischer Meister. Ich reiste umher. Stellte ein eigenes Cyber-Team zusammen, hatte eine Website, scharte Gleichgesinnte um mich, wurde zum Anführer der Cyber-Bewegung auf der Krim.

Die letzten anderthalb Jahre verwandte ich auf die Eröffnung eines Mega-Internetzentrums in Simferopol. Inzwischen läuft es, wirft einiges ab.

Mit zwanzig wollte ich viel Geld verdienen, aber es gab keins, da konnte ich noch so viel schuften. Mit dreißig hat sich mein Blick auf die Welt völlig verändert, Geld ist bei Weitem nicht mehr vorrangig in meinem Wertesystem, und doch fließt es nun ... Wahrscheinlich soll es so sein. Wer weiß.

Zum Privaten ganz kurz: Ich lebe seit mehr als zehn Jahren mit ein und derselben Frau zusammen, mit der ich auch verheiratet bin. Wir haben zwei kleine Kinder. Ich liebe sie alle.

Ich habe nicht davon geträumt, Filmemacher zu werden. Aber ich mag seit meiner Kindheit Filme. Nur gut müssen sie sein. Je älter ich wurde, desto mehr entwickelte sich mein künst-

lerischer und kinematografischer Geschmack, und wie immer war ich Autodidakt. Je mehr ich über mich hinauswuchs, mit desto weniger Leuten konnte ich über Filme sprechen. Es sind heute gerade mal zwei oder drei Bekannte.

Ich habe immer Bücher gelesen. Jede Menge. In der Schule habe ich Aufsätze darüber geschrieben. Dafür bekam ich immer eine Eins. Nachdem ich mit dem Cyber-Sport angefangen hatte, begann ich auch darüber journalistische Artikel zu verfassen. Mein Kopf war übervoll, es zerriss mich, ich brauchte ein Ventil. Wie mein hoch geschätzter Michal Michalitsch Schwanezki so treffend sagte: »Halt's mit dem Schreiben wie mit dem Schiffen: nur wenn du nicht mehr an dich halten kannst.« Der Drang war tatsächlich übermächtig, aber ich habe etwas daraus gemacht. Am Anfang schrieb ich ziemlich schräg, aber lustig. Nach einem Dutzend Artikeln hatte ich die Technik heraus und einen eigenen Stil entwickelt. Ich habe ein paar Geschichten – oder waren es Essays? – geschrieben, ich weiß nicht genau. Gerade schreibe ich ein Buch.

Ich will Filme machen. Wieder ist da dieser Druck, der mich zerreißen will, und das Papier ist weniger expressiv als der Film. Ich will versuchen, auf die Regieschule zu kommen. Die soll ganz gut sein. Wenn sie mich nicht nehmen, werde ich es trotzdem schaffen, auch ohne Schule, wäre ja nicht das erste Mal.

Ich bin kein Fan von Boris Grebenschtschikow, aber er gab einmal eine gute Antwort auf die Frage nach seiner musikalischen Ausbildung: »Dreißig Jahre Musik hören und zwanzig Jahre Musik machen.« Ich schaue mir seit dreißig Jahren Filme an, also höchste Zeit, den nächsten Schritt zu gehen.

Oleg Senzow

Geboren 1976 in Simferopol auf der Halbinsel Krim. Ukrainischer Staatsbürger. Muttersprache Russisch.

Marketing-Studium an der Kiewer Wirtschafts-Universität; Kurse für Drehbuch und Regie an der Filmschule Moskau.

Mitbetreiber eines Computerklubs in Simferopol. Mitbegründer der Filmproduktionsgesellschaft *Krai Kinema* in Sewastopol 2008.

Kurzfilme: *Ein idealer Tag für Bananenfische* (2008) nach der Erzählung von J. D. Salinger und *Das Jahr des Stiers* (2009).

Sein erster Langspielfilm *Gamer* (2011), eine Coming-of-Age-Story mit Laiendarstellern aus der Gamer-Szene, lief mit beachtlichem Erfolg auf internationalen Filmfestivals.

Seit 2011 arbeitete er an seinem nächsten Filmprojekt *Rhino*, dessen Fertigstellung durch den Aufbruch der Maidan-Bewegung und die nachfolgenden Ereignisse unterbrochen wurde.

Außerdem schrieb Senzow bis dahin einen Roman (*Kaufen Sie dieses Buch, es ist lustig*, Zs. Prozess, 2014, Verlag Folio, Charkiw 2016), eine Anzahl autobiografischer Erzählungen, von denen acht 2015 in einem Band im Verlag Laurus erschienen und hier übersetzt vorliegen, sowie den Theatertext *Nummern*, der 2014 in einer szenischen Lesung durch das Moskauer Theater teatr.doc erstmals zur Aufführung kam.

Oleg Senzow hat eine Tochter (geb. 2002) und einen Sohn (geb. 2004).

Die Euromaidan-Demokratiebewegung in der Ukraine 2013/14 hat Oleg Senzow, insbesondere im Rahmen des AutoMaidan, aktiv unterstützt. Während der Annexion der Krim durch Russland im Frühjahr 2014 leistete er humanitäre Hilfe, organisierte beispielsweise Lebensmitteltransporte zu Einheiten der ukrainischen Armee, die von der Versorgung abgeschnitten waren.

Am 11. Mai 2014 wurde er zeitgleich mit drei weiteren Aktivisten – Alexej Tschirni, Gennadi Afanasjew und Alexander Koltschenko – wegen angeblicher terroristischer Handlungen vom russländischen Inlandsgeheimdienst FSB in Simferopol festgenommen und nach Russland, ins Moskauer Lefortowo-Gefängnis verschleppt.

Nach einjähriger Untersuchungshaft und zwangsweiser Einbürgerung der Beschuldigten in Russland wurde am 21. Juli 2015 das Verfahren gegen Senzow und Koltschenko vor einem Militärgericht in Rostow am Don eröffnet. Die Anklage lautete auf Gründung einer terroristischen Vereinigung. Zur Last gelegt wurden den Angeklagten Brandanschläge auf Büros der prorussischen Parteien Einiges Russland und Russische Gemeinschaft Krim, angebliche Pläne zur Sprengung des Lenindenkmals und der Ewigen Flamme in Simferopol sowie ihre vorgebliche Mitgliedschaft in der rechtsextremen Partei Rechter Sektor. Als Belastungszeugen fungierten die bereits zuvor verurteilten Tschirni und Afanasjew.

Ein großer Teil des Beweismaterials der Anklage war und ist nicht öffentlich zugänglich, die Verteidiger Dmitri Dinse, Wladimir Samochin und Swetlana Sidorkina wurden zur Geheimhaltung verpflichtet. Ihren Aussagen zufolge legte die Anklage keinerlei stichhaltige Beweise vor, Indizien wurden fingiert. Der Zeuge Afanasjew widerrief während des Prozesses seine belastenden Vernehmungsaussagen und gab an, sie seien ihm unter Folter abgepresst worden; der Zeuge Tschirni verweigerte die Aussage vor Gericht.

Ungeachtet dessen wurden die beiden Angeklagten am 25. August 2015 schuldig gesprochen; Senzow wurde zu zwanzig Jahren, Koltschenko zu zehn Jahren Straflager verurteilt.

Zunächst saß Oleg Senzow in Irkutsk ein, danach – von März 2016 bis September 2017 – in der Kolonie IK-1 in Jakutien, seither befindet er sich im Straflager IK-8 in Labytnangi nördlich des Polarkreises. Hierdurch wurde – im Widerspruch zu Artikel 8 der Menschenrechtskonvention und entgegen der russischen Gesetzgebung – der Kontakt zu Familie und Anwalt stark eingeschränkt. Die Verlegungen erfolgten ohne Begründung und ohne die Angehörigen zu informieren. Durch die Strapazen der Verlegung, Misshandlungen sowie extreme Klima- und Lebensbedingungen litt Senzows Gesundheit beträchtlich.

Am 14. Mai 2018 trat er mit der Forderung, 64 ukrainische Staatsbürger freizulassen, die aus politischen Gründen in Russland in Haft gehalten werden, in einen unbefristeten Hungerstreik. Nach 145 Tagen war sein Gesundheitszustand so kritisch, dass ihm Zwangsernährung angedroht wurde; daraufhin brach Senzow den Streik im Oktober 2018 ab.

Die Menschenrechtsorganisationen Memorial und Amnesty International schätzen das Verfahren und Urteil gegen Senzow als politisch motiviert und inszeniert ein und stellten gravierende Verstöße gegen internationale Rechtsnormen fest.

Zahlreiche Medien, Intellektuelle und AktivistInnen schrieben über den Fall. Insbesondere während der Fußballweltmeisterschaft in Russland im Juni 2018 fanden Protestaktionen in aller Welt statt. Wie in vielen anderen Ländern richteten auch in Deutschland Persönlichkeiten des öffentlichen Lebens einen offenen Brief an ihre Regierungschefin, sie möge sich für Senzows Freilassung einsetzen.

Eine Petition französischer, ukrainischer und polnischer Intellektueller (3500 Unterschriften) zur Freilassung Senzows wurde im Februar 2018 an die russische Botschaft in Paris übergeben. Viele europäische Filmschaffende, -verbände und -festivals solidarisierten sich. Die Europäische Filmakademie gründete eine Stiftung zur Unterstützung Senzows.

teatr.doc organisierte Filmvorführungen von *Gamer*, szenische Lesungen von Senzows Stück und setzte außerdem Mitschriften des gegen ihn geführten Gerichtsverfahrens szenisch um. Der russische Regisseur Askold Kurow begleitete den Prozess für seinen Dokumentarfilm *The Trial – The State of Russia vs Oleg Sentsov* (2017) und förderte durch Videobotschaften namhafter Film- und Kunstschaffender (darunter Wim Wenders, Agnieszka Holland, Dieter Kosslick, Antonio Saura, Iwan Wyrypajew, Kirill Medwedjew) 2015 die mediale Aufmerksamkeit. Im Dezember 2016 bat der Regisseur Alexander Sokurow auf einer gemeinsamen Sitzung des russischen Kunst- und Kulturrats und des Rats für die russische Sprache Präsident Wladimir Putin persönlich um die Freilassung Senzows. Auch andere russische KünstlerInnen setzten sich öffentlich für ihn ein, darunter der Aktionskünstler Pjotr Pawlenski, Mitglieder der Gruppe Pussy Riot, Film- und Theaterschaffende wie Andrej Swjaginzew, Lija Achedschakowa und Xenija Rappoport, SchriftstellerInnen wie Ljudmila Ulitzkaja, Lew Rubinstein, Alissa Ganijewa sowie ÜbersetzerInnen. Die Proteste, Kundgebungen und Mahnwachen für Senzows Freilassung im In- und Ausland halten bis heute an.

Im Jahr 2018 verlieh das Europäische Parlament den Sacharow-Preis für Menschenrechte an Oleg Senzow. Der Preis wurde von seiner Cousine Natalia Kaplan entgegengenommen.

Bisher blieben alle Aktionen ohne Resultat, Senzow sitzt nach wie vor in Haft.

(Februar 2019)